AQUARIUS

AQUARIUS

AQUARIUS

AQUARIUS

Vision

一些人物，
一些視野，
一些觀點，
與一個全新的遠景！

夾縫中的女人

THE NEW OTHER WOMAN:
Contemporary Single Women in Affairs with Married Men

【性別研究先驅】蘿芮・理查森博士 Dr.Laurel Richardson◎著

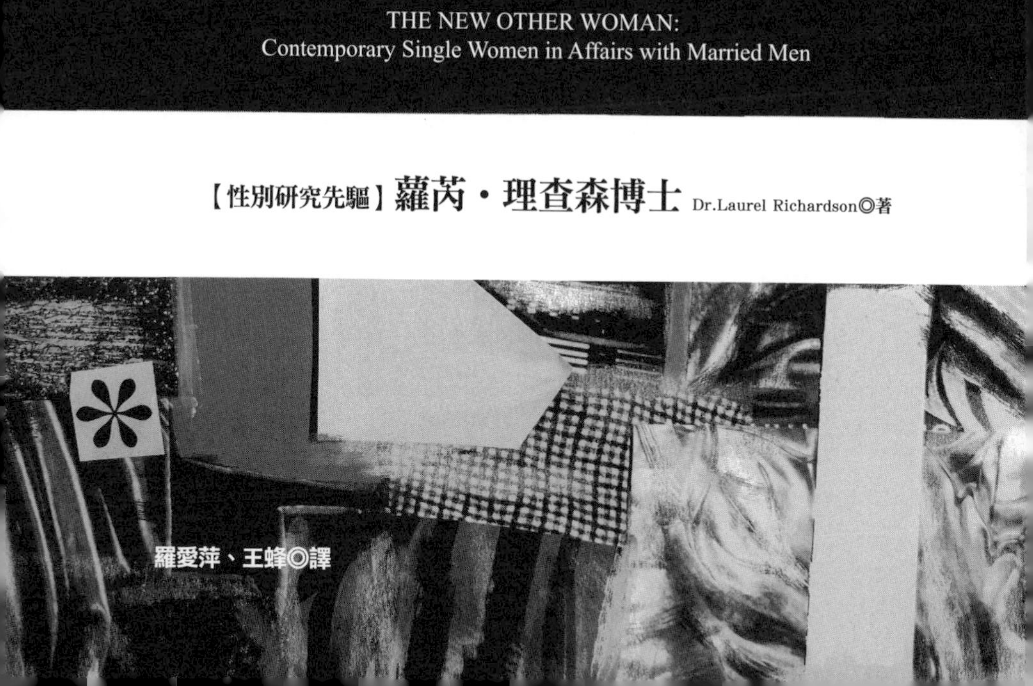

羅愛萍、王蜂◎譯

作者序

寫給中文版讀者

「拿到博士學位後，你打算用來做什麼呢？」這是我攻讀社會學博士期間，參加口試時被問到的第一個問題。

我回答：「我想要為人們寫作。」

我認為，社會學可以為一般人理解周圍的世界提供許多幫助。在社會學領域中，我發現了為我的生活增添力量的那個視角，並且認為它也有可能帶給別人力量。我希望我的事業能夠延伸到學術講堂之外。

在我所教的一門性別課上，有一名研究生說：「每個人遇到的問題你都寫，但是，你沒寫過我所面臨的問題。」

她告訴我，她是與已婚男人保持長期關係的單身女人。與她之間的討論，引發我進行研究，並動筆寫這本書。我到好幾個城市旅行，推廣這本書，《紐約時報》、《今日》節目、《歐普拉脫口秀》以及大眾廣播電台等媒體的報導，也讓此書為廣大的英語讀者所知。不久後，本書被翻譯成日文、葡萄牙文、法文、德文與西班牙文。

但是現在，我認為這本書的重要旅程在於與廣大的中文讀者見面。對我來說，中文版的出版是我一生中經歷的最盛大事件。

儘管世界各地的文化在許多方面各不相同，但有個共同偏見，就是把男人看作比女人更重要、更有價值的人。這個偏見，在不同的文化中，被轉譯為不同的社會習俗。

但不約而同地，各個國家「把男人看作高於女人」的觀念，導致了近乎一致的婚姻現實：男性傾向於「向下娶」，選擇教育程度低於自己、不如自己聰明、社會地位不如自己的女性為妻；相應的是，女性傾向於「向上嫁」，選擇教育程度、社會地位和收入潛力高於自己的男性為丈夫。於是，與受到良好教育的女性教育及職業程度相當的男性，會傾向於找教育和職業程度不如自己的女性結婚，因而持續產生一種骨牌效應，比如：A男娶B女，B男娶C女，C男娶D女。

由於這種婚姻現況，婚嫁人選之中，就剩下D男和A女。到了適婚年齡仍然單身的女性，被貼上「剩女」的標籤，這個負面意含的標籤被所有媒體使用，她們被比喻為「人老珠黃」，來自父母和社會的壓力要求她們結婚。

然而，這些女性的教育程度高且聰明。她們有意願、知識和能力在經濟上自理（若有需要還能資助父母），也能過獨立而幸福的生活。她們一定會自問：「為什麼我要放棄我的幸福單身生活，去和不太理想的對象結婚呢？」

有的剩女成了某些文化中所說的小三或情婦，或者美國所稱的「另外那個女人」（第三者）。在美國，許多人選擇成為第三者，是因為這個角色允許她們獨立地生活，實現自己在事業上的計畫、完成學業等。不過，正如在本書的研究中所列舉的，選擇那樣的人生道路有潛在的後果。希望書中的分析，對中文版讀者也能有所助益。

目錄

我們將在書裡看到，第三者的生命歷程與普通女人有許多相似處。

透過瞭解第三者，我們也將更瞭解女性的生活、期待，以及所面臨的問題。

前言
關於「第三者」的研究

我有個朋友當了第三者差不多二十年，情人突然向她提分手，結束了兩人的關係。雖然她感到很悲痛、失落又無依無靠，卻幾乎得不到社會支持，沒有人同情她、聆聽她的痛苦，因為她是被主流社會汙名化的，就連女性主義者對她也冷眼相看。她就是那種「另類的女人」。

這位朋友的經歷，觸發了我進行「第三者」的研究，並且寫成這本書。就我所知，這是第一本研究第三者的社科著作①。

【以下皆為原書註解】
①全書提及的「第三者」是指我的研究對象。這個稱謂，指的是社會文化刻板印象中的「第三者」。

在接下來的一年多裡，我對研究現代美國第三者這件事一直興趣濃厚。我認識、遇到和聽說的許多單身女人，包括結過婚又重回單身的女人，都曾經與已婚男性有過情感糾葛。

「當第三者」彷彿成為單身女性社會行為模式的一種特徵。這種婚外情的關係，看似滿足了不同女性群體的某些重要生活需求。

我研究的議題有很多，包括關係結構中的具體問題：

- 為什麼單身女人會與已婚男性在一起？
- 她想從這段關係中得到什麼？
- 是誰主動發起及建立關係？
- 他們怎麼度過在一起的時間？
- 對她來說，「性」有多重要？
- 她如何處理對他的妻子的情緒？
- 這段關係，如何影響她與朋友、家人和同事的關係？
- 這種關係是如何結束的？
- 整體而言，這段關係對女性是有益？還是有害？

針對這類關係與社會的關聯，我也提出了基本的理論問題：

- 是什麼樣的社會與文化因素催生了這類關係，即使被汙名化也阻止不了其發生？
- 從長遠來看，這樣的關係對男人、女人和兩性之間，會產生怎麼樣的社會效應？

我有兩大關注焦點：描述第三者的經歷，以及提供社會學分析——所分析的是單身女人與已婚男人之間的關係，而非一夜情。

由於先前並沒有人針對這種現象做過研究，所以我決定去訪談第三者。

●

找到第三者進行訪談並不困難。從一九七七年到一九八四年這八年間，我參加過許多會議，做了很多場公開演講，幾乎把我的研究興趣告訴了每一個遇到的人，比如一起開會的人、售貨員和旅途中認識的人等。在不同場合遇到的女性都願意接受我的訪談，或者介紹我認識曾與已婚男人談過戀愛的女人。

此外，在我做這項研究的這些年裡，很多女人都以非正式的形式，就許多層面與我聊過她們的戀情。而且在我公開自己要做第三者研究的消息之後，有些女性寫信來描述了她們的遭遇，有的人還表示願接受訪談。

本書使用的資料便來自於以上管道，但主要是出自針對五十五位第三者的深度訪談，這五十五名受訪者，均自稱曾經與已婚男人有過一段長期的戀情，或者正處於這樣的關係中。

訪談是在私人空間進行的，受訪者的家、我的家、飯店房間，偶爾也在私人辦公室。訪談大約持續兩個至五個小時，現場有錄音，之後我會把錄音轉換成文字。

我請每一位受訪者描述自己在不同階段的感覺、期望和行為，包括：關係開始前，關係的早期、中期和瓦解之後（若這段關係已了結）。也問了一些一般性的問題，比如：對於正考慮發展這類關係的女性，你會給她什麼建議？你自己是否打算再次進入這種關係？

訪談的風格與方式，引發受訪者說出了大量的個人經歷，也激起了她們強烈的情感回應。許多人在訪談中哭了起來。而幾乎所有人都感謝我說，訪談為她們提供了「治療」，有好幾個人到現在還會打電話給我（訪談大綱請見〈附錄一〉）。

我所訪談的女性們，年齡在二十四歲至六十五歲之間，住在全國不同地區的鄉村和城市。與已婚男人的關係開始時，她們的年齡是十八歲至五十六歲之間，平均年齡為二十八歲。在教育程度方面，有十四人高中畢業，二十八人大學畢業，十三人的學歷是碩士以上。從職業來看，她們來自不同的社會階層，有的是藍領，有的是粉領族，有些是白領，還有人擔任管理及專業職位。有二十二人從未結過婚，三十三人有婚史。十二人有小孩。整體而言，這些婚外情關係中的男方比女方年長，職業和收入也比女方好，有十五個男人當時是女方的上司，或對她們有指導關係。關係開始之初，所有男人都與妻子住在一起，而有四十五人與小孩同住在家裡。訪談時，大部分婚外情是剛剛結束，或者訪談之後很快就結束了。

由於我要做第三者研究的消息曾有報紙報導，因此，一些剛開始成為第三者的女人聯繫上了我。我大概每三個月訪談一位，一共訪談了七人，並且就她們的關係進行長期追蹤。這些女人的敘述與其他訪談對象一致，所以她們所回顧的經歷真實性及可信度等常規問題，並不會改變此份研究內容。

某些特定群體在我的訪談樣本中，沒有代表人物，比如：我的訪談樣本全部都是白人女性。

我與有色人種第三者進行了一些探索性訪談，不過，她們的社會處境看起來很不一樣，所以後來我停止了對她們的訪談。基於類似的原因，我的訪談也沒有呈現與情人生了孩子的第三者。

此外，我的訪談也不包括最後嫁給了情人的第三者，因為沒有這樣的人願意接受訪談，而在我長期追蹤的第三者樣本中，沒有人與情人結婚。

因此，幾乎與所有的研究一樣，這項研究的概括性是有侷限的。至於研究的真實性，最終將交由其他第三者評判，她們會判斷書中所寫的是否能引發她們的親身共鳴。

寫這本書的時候，我心裡一直記掛著兩類讀者：一般人與專業的社會學家。為了讓一般人更容易閱讀本書，我很少使用專業概念，並針對社會學專業人士耳熟能詳的各種相關理論，加以介紹及詳細說明。

此外，關於本書的寫作體裁，我也做了特定的選擇，譬如幾乎只是陳述事實。在用語上，我使用了「第三者」這個詞，而不是用「我訪談過的，與已婚男人發生關係的單身女性」。

但是，為了更能發揮對於社會學領域讀者的專業價值，我做了三件事情：

一、與書中討論議題相關的數據與理論來源皆提供出處。（編按：見〈附錄二：參考書目〉。）

二、在文內適當的地方，指出了我的分析如何有助於理解其他非規範性關係的建構。

三、嘗試融合舊有的社會學視角與新的社會學——女性主義者視角。

在進行這項研究的過程中，我意識到，對於第三者的規範性批判是多麼根深柢固。事實上，我不知道如何稱呼這些女人，如何為這本書定下書名。「第三者」這個詞帶著輕蔑的意味，光從字面上就斷定：與已婚男性有糾葛的女人是「不一樣」的，是「可以被排除的」，是「外人」。然而，這就是主流社會對她們的看法，這種看法又塑造了她們所經歷的。

但經過幾番掙扎與考慮後，我決定以一個名詞統稱這些女人，那就是：「第三者②」（Other Women or the Other Woman）。我刻意地把這個標籤叫響，並且把這個名稱的英文首字母用了大寫，目的是將這個詞從被汙名化的背景中抽離出來，並繼續提醒讀者：這些女人不僅僅是語法結構「有些是……其他的則是……」中的「其他人」，她們是具有研究價值的獨特社會群體。

②英文為“Other Women”或“the Other Woman”，有單數、複數之分。

和已婚男人在一起的單身女性們有很多共同點，她們的生活及經歷被歸於「正常」女人之外，與「正常」女人不一樣。但我們將在書裡看到，第三者的生命歷程與普通女人有許多相似處。

透過瞭解第三者，我們也將更瞭解女性的生活、期待，以及所面臨的問題。

第一章

第三者現象：私密、禁忌與覺醒

第二世界

在「丈夫與妻子，婚姻和家庭，孩子與房子」這個「主要世界」之外，還存在著一個被祕密和汙名所遮蔽的世界，那就是「第二世界」：單身女人與已婚男人長期保持情人關係的世界。很少有社會學研究著眼於這類關係，事實上，根本沒有研究是從單身女性的角度出發③。這類關係的輪廓受到忽視，不被看見，身處其中的女人保持著沉默。她

③有針對大眾讀者而寫的方法論書籍，有文學批評類書籍，也有以第三者為主角的小說，但除了這本書以外，並沒有從單身女性的視角出發，進行第三者的社會科學研究書籍。

們是「第二世界」裡的「第二性」。

從歷史上來看，單身女人與已婚男性發生感情絕對不新鮮，但是和過去相比，如今明顯不一樣，婚外情成了普遍現象。

無疑地，這類戀情增加了，並且還會持續地增加。

在一九八〇年代，百分之四十至五十的已婚男性自稱曾經出軌，而年收入超過六萬美元者，這個數字上升至百分之七十；超過百分之十五的丈夫自稱是連續出軌。同時，已婚男人出軌的年齡比一九六〇年代提前了，將近百分之七十在四十歲以下的已婚男性，想像自己會有一段婚外情。年輕人對婚前性行為及非單一性伴侶的接受度，比過去更高，這種態度與他們日後對婚外性行為的開放程度高度相關。

綜合以上事實，研究者預測：有二分之一至三分之二的已婚男性，將會在四十歲之前發生一段婚外情。

哪些女人是他們的出軌對象？雖然有一部分會是已婚女性，但很有可能大部分都是單身女人，因為已婚女性的時間和心力是受到家庭限制的，而且男人可以得到的單身女性數量在持續增加④。

新的社會模式

現代的第三者，很可能就是我們的鄰居、姊妹、女兒、母親，或者是我們自己。她們是普通的、正常的，是我們每天都會遇到的。她們是經理和工人、主管與祕書、教授及學生、醫師及護理師，來自社會的各個階層。

在以前的年代，許多單身女人對於和已婚男人的糾纏退避三舍，然而在今日，很多單身女性對於這樣的關係是可接受的。

我們不能忽視這種關係的存在，也不能只簡單地看成是個人出軌，因為這不但已成為單身女人的生活方式之一，也已形成一種社會模式。如今，「新第三者」的現象愈來愈普遍，正如其他新的社會模式一樣，這反映了人口結構、社會與文化的變遷，也預示

④關於已婚男性與單身女性建立婚外情關係的比例，我們所知甚少，這種知識空白顯示了規範性社會學研究如何無視單身女性的經驗。雖然有定期對大眾做性行為的調查，但就我所知，沒有一項調查會詢問已婚男性，他們的出軌對象是單身女性還是已婚女性，根據一九七九年發表的一項統計顯示有百分之五十四是單身女性，另一項資料來源則達百分之七十五，因為單身女性的數量快速增加，而前項研究可能低估了做第三者的單身女性數量。而且，因為妻子都有丈夫，從社會學上來看就算她們出軌，也不屬於第三者。身為妻子有一個情人，與單身而情人有妻子，這兩種經驗是非常不一樣的，在本書中，我選擇關注後者的經驗。

了未來的社會前景。

男性「往下娶」，女性「往上嫁」

從人口結構來看，根本就沒有足夠的單身男人與單身女性配對，五個女人之中，就有一位找不到配對的男性。目前，百分之四十的美國女人是單身。由於男性不足，以及人們離婚、喪偶、晚婚、延遲再婚，每一個女性在人生中，很可能會有一大段時間保持單身。

對於二十五歲以上的單身女人來說，可配對的男性人數嚴重不足，而且隨著女性年齡增加，相應的男性人數迅速減少，也就是說對於年紀愈大的女人，配對的男性驚人地愈少。

導致這種情況的原因包括以下幾點：兩性的死亡率差異甚大（男性的死亡率比女性高）；離婚率提高，而且男性比女性更常再婚；男人偏好年輕女人。

比方說，一九八〇年，喪偶女性與喪偶男性的比例是六：一。一九八三年，與每一百三十七名單身離異女性對應的，只有九十一位單身離異男性。二十五歲至四十四歲離異男性再婚的可能性，是同一年齡組離異女性的兩倍；四十五歲至六十四歲年齡組的則是四倍。這導致二十五歲以上沒有潛在結婚對象的女性不斷增加，例如，在四十歲至四十九歲的未婚者中，與每兩百二十三名未婚女性對應的，只有一百名未婚男性。

而且，這些可配對的男人選擇女人的範圍更廣，他們挑選的對象包括更年輕的女人。事實上，隨著年齡愈大，男人愈偏愛年輕女人，因此，四十歲以上的男人更傾向於與年輕十歲的女人結婚。如果一個女人在快四十歲或者更大的年齡回復單身，以後的日子很可能會一直單身。

再看看單身男性群體的一些社會特徵，不難發現女人可選擇的男性範圍更有限。將近百分之十四的單身男性是同志，而根據估計，屬於同志的單身女性只有百分之四。其餘的單身男性教育程度一般，經濟保障一般，職業也一般，並且是容易罹患精神或身體疾病的族群。在一九八〇年，百分之九十高學歷、有社會地位的男性皆已婚。

對於美國的三千三百萬名單身女性⑤來說，好男人很難找。而且，女人愈會賺錢，教育程度愈高，找到「好男人」的可能性愈小，因為男人傾向於選擇經濟能力與教育程度都不及自己的女人。

---

⑤根據統計，一九八二年，十八歲以上的未婚女性有一．五二六二億，喪偶女性有七百九十五萬，還有六千八百九十五萬離異女性。

男性「往下娶」與女性「往上嫁」的文化偏好依然強烈。事實上，任何二十五歲以上、具有大學學歷女性的結婚機會已減少，在一九八五年，每十名四十歲至四十九歲、受過大學教育的女人，相對地只有三位年齡更大、教育程度更高的單身男性可供選擇。此外，女性主管及專業人士，也就是念到研究所、經濟獨立的菁英女性數量不斷增加，卻幾乎沒有可選擇的對象。

這些菁英女性遇到的難題——如何在遭女人們鎖定為目標的稀少菁英男人中，找到合適的對象，正是整個女性菁英階層現在所面臨的問題。

當男人「物以稀為貴」

單身男性不足的現實，在社會心理層面上，對於兩性關係造成了複雜的影響。其中一個主要的影響是：所有男人，無論是已婚或未婚，在與女性的情感關係裡都掌握了額外的權力。

由於性別供需不平衡，男人可以發展更多可替代的關係，對於特定關係的依賴因而減少。

更關鍵的是，當男性處於某段特定關係中，會要求獲得更多的滿足，假如不滿意，他還可以有別的選擇。男人不需要成為人口學家，便能知道自己具有這種新優勢，也就是「透過威脅終止關係以滿足自己的要求」的權力。

結果便是，男人可能更不情願對某個特定的女人做出承諾，並且傾向於與更多女人發展感情。這種對於社會心理層面的影響如此強烈，因此，女性主義作家芭芭拉．艾倫瑞克（Barbara Ehrenreich）將「男人心」描述為在「逃離承諾」。

另一方面，女性由於數量比男性多，選擇更少，要建立滿意的情感關係更難。男性不足意味著：許多女人已經有、或將會有痛苦的兩性感情經驗，因為「物以稀為貴」的男人，在戀愛關係中會索求更多、更漫不經心，也更無情。女人則因為數量過多，價值被貶低，因為「桶子裡總是有另一顆（更新，更年輕，更新鮮）的蘋果」。

雖然男性不足，但是，有種古老的文化驅力深入人心，難以撼動：一個正常又有魅力的普通女人，應該與一個男人建立親密關係。

女人很少能跳脫異性戀伴侶關係的社會化印記，從孩童時期開始，父母、同儕與媒體便都在強化女性特質，以及女性氣質、價值和魅力的概念，這些與「身處異性戀親密關係」的狀態密切相關。

擁有一個男人的愛

單身女人對自己的要求以及社會所加諸給她們的期待，最重要的就是：「擁有一個男人的愛」。

女人需要被男人所愛的重要性，相當於男人需要取得經濟上的成功一樣，導致單身女性被置於一種尷尬的位置：明明男人不夠挑，但除非「擁有」一個男人，否則她就不是正常的女人。

一般而言，當人們想要達成的目標無法獲得社會文化支持時，會尋求替代方案，這些方法可能是新穎、有開創性，或者脫離常軌⑥的。由於人口結構女多男少的侷限，許多鎖定「異性戀伴侶關係」的女人，為了實現目標而轉向不見容於社會的辦法，其中之一就是與已婚男人發展婚外情。

其實，異性戀的單身女人有很多替代選項，例如：和比自己年輕許多的男人約會、跟比自己年長許多的男人約會、與男同志約會，與他人共居、獨身等。不過，這些解決辦法不僅不普遍，可行性也太低。

女人面臨的問題是：年紀比自己小的男人喜歡更年輕的女人，而年紀比自己大的男人大多已婚或已有伴侶；假使只與男同志在一起，會影響其自我定位、性滿足及性自尊；若是想過共居生活，機會則太少，社會並不提供這樣的條件。

當然，單身女人可以退出婚戀市場，不再爭取男人，轉而選擇獨身等，許多人就是這麼做。

然而，如果她們將以上選項當作退而求其次的選擇，或是出於不得已，又或者根本不是自主選擇的，只是碰巧發生而已，那麼她們終將被困在這個難題中：適合我的男人在哪裡？我是正常的女人嗎？

面對這種情況，對她們而言，與已婚男人發展親密關係將成為更可行的一種選擇。

女性主義的影響

然而，大部分單身女性會考慮與有婦之夫在一起，僅僅是因為婦女解放和性解放運動帶來的重要影響。

⑥美國社會學家莫頓（Robert K. Merron，一九一〇—二〇〇三）在研究中探討，若人被灌輸要實現目標，但實現這些目標的手段卻遭到反對，會為了獲得社會允許的結果而使用不合法的手段。他認為人類是被社會引誘而脫離常軌。他的理論應用探討了經濟成功規範如何導致違法犯罪。在他的分析中，女人是不被看見的，他只寫男人的期望和男性脫軌行為的根源。我在此所說的是他的適應模式有應用於女性的可能——女性做第三者是受社會引誘的。

一九七〇年代的女性主義運動，大大改變了現代女性對己身社經地位的認知。例如，一九八四年的哈里斯民意調查（Harris Poll）顯示，百分之七十四的美國女性相信她們並未實現同工同酬，在一九七一年只有百分之十九的女性如此認為；一九八四年，百分之六十三的女性確信自己在職場晉升中受到歧視，一九七一年，只有百分之二十九的女性意識到此問題。

在一九八二年出版的研究報告《單身——新美國人》（*Singles: The New Americans*）中，作者賈桂琳・西門諾（Jacqueline Simenauer）與大衛・卡洛（David Carroll）估計，有四分之三的美國單身女人信奉女性主義。

此外，女人在性態度與性行為上，變得更自由了，甚至到了兩性對於婚前性行為的標準趨於一致的程度。例如在一九六五年，百分之七十的大學女生（皆為單身）認為婚外性行為是不道德的；十年後，只有百分之二十的大學女生持此觀點，這個比例並且一直延續至八〇年代。女性的性行為比例同樣增加迅速。例如在一九七一至一九七六年之間，十九歲以下的非處女人數增加了百分之三十。在一九四〇年代，只有百分之二十五的單身大學女生發生過性行為，到了八〇年代，比例幾乎增加三倍。

掙脫父母的控制、獲得自主權，是發生婚外性行為的主要原因。我們可以預期成年單身女子的性行為會相當活躍，因為她們大部分是獨居，有的與室友同住，又或者自己就是家庭的主事者。

與傳統觀念並行的，是主張女性權利的新理念：女性要獲得經濟與事業成功的權利、自主控制身體的權利、性愛實驗的權利、自主定義生活方式的權利，以及定義自我和自己的生活經驗的權利。現代女性對於自我及親密關係，因而都有了嶄新期許，期許自己更能夠獨立思考，事業更成功，想像著自己正進入機會無限的世界，獲得個人成長與歷練的可能性將不斷擴展。

隨著管理職與專業職務的女性範本增加，女人認為「可以自主掌控個人命運」的信念也隨之浮現，並且受到強化，對於自我、能力及未來更有信心，進入公共領域時，不再因自己追求事業成功的欲望而懊悔或自責。

工作機會不斷拓展的世界，激起了女性的個人效能感，使她們覺得在兩性的親密關係中，自己同樣可以獲得獨立和控制權。

活躍於社經領域的女人們，想像自己也有能力決定如何讓愛情與親密關係涉入生活。對於過去幾代的女性來說，親密關係可能是「危險」的，但是對現在的女人而言則是「安全」的，因為她們認為自己有能力控制親密關係的走向、強度與延續多久。

「你不是嫁給一個男人，而是嫁給他的人生」？

然而，女性主義理念並非一步到位，也無法保證獲得的回應一如預期，導致女性陷入了矛盾：一方面擁抱解放後的嶄新角色；另一方面，所經歷的社會化過程、性別刻板印象與父權制度，繼續使女性受限，進而造成緊張、壓力及個人的矛盾。

現代女性主要的生活壓力源之一，就是如何同時獲得獨立的身分定位，以及滿意的親密關係。

在早些時候，一個女人的身分是「待定」的，直到她知道自己的丈夫是誰。本質上，「你不是嫁給一個男人，而是嫁給他的人生」這句話是真實的。婚後，女人的稱謂就變成了「×××的太太」（丈夫的姓名），經由丈夫和孩子，來實現自己身為女性的人生目標。

事實上，幾個世紀以來，絕大部分以女性為主要讀者的小說，重點都是在描寫女人索求男人的愛，女人透過婚姻而獲得親密關係與身分。情節總是在女主角成為新娘時達到高潮，從此，她漫無目標的人生結束了，她的價值受到了認可。

浪漫小說仍然非常暢銷，然而，女性愈來愈質疑要求她們「藉由找到另一個人來定義自己是誰」的社會規範。現代女性在為是否應該同時爭取自我認同與親密關係而掙扎。

許多人疑惑：既然男女之間的權力不平衡，而且社會化過程造就了兩性差異，那麼女人在與男人的親密關係中，能保有獨立嗎？如果可以，需要付出什麼代價？

社會化過程對女性的壓抑

在女人的社會化過程中，規範與教條占了很高的比重，教女人要順從男人、取悅男人，配合男人來調整自己，因而，女人一旦想要堅持自我便會產生內疚感，若產生不服從的念頭，則會自責。

對於現代女性來說，要找到屬於自己的人生路和身分定位，並不容易。眼前的世界，幾乎就任何層面來說，「自我」都是可以仔細審視與改變的，例如：身材、心理狀態、性取向、教育程度、職業選擇及家庭角色等。女性從未像今日擁有如此多的選項。

然而，選擇與追求這些新的人生選項，需要充足的時間去思考、學習，進而做出成績，要贏得自主性也需要時間。

許多女人擔心，進入婚姻，或者只是與有可能在一起的男人發展高度忠誠關係，都會耽誤她們所追求的目標，因為維持關係需要個人的付出，並且相當花時間。例如：若一個女人既希望事業成功，同時又試著建立一段長久的穩定關係，這表示當她遇到不可避免的時間、心力衝突，以及對事業與愛情的忠誠度衝突時，很可能會經歷不小的緊張和壓力。

與此類似的情況是：一個離異的母親若想兼顧賺錢、扶養孩子，並與願意接納小孩又適合她的男人建立一段關係，往往可能會不堪重負。

現代女性的嶄新追求

今日，各種複雜因素相互交織，產生效應。「女多男少」的人口比例問題、社會對於一個人進入異性戀關係的要求，以及女性為了實現新目標與解決新問題而產生的時間需求等，都使得單身女性更可能接受與已婚男人的親密關係。

由於女人的自我期許變得更高，有了更遠大的嶄新人生計畫，期待藉由工作獲得更大的經濟成就，也就不像過去將婚姻擺在優先地位，急著要結婚。女人相信自己在實現其他目標的同時，也有能力在一段關係中掌握控制權，因而，就這樣被拉進了與已婚男人的婚外情之中。

許多女人由於扮演著新的角色，或許也相信自己可以將和情人的短暫關係，好好整合進自己的生活裡。

女人選擇扮演的新角色中，很重要的一種是「學生」。學校大部分的學生是女性，其中有許多是再回校進修、有一定年紀的女人，而且大部分是單身。一九七四年以來，將近百分之五十的碩士學位及百分之三十的博士學位是授予女性的；在十年之內，參與法律、藥學等專業項目的女性成長了五倍。對於這些女性來說，受教育是首要目標，而這對於她們將來建立長久的婚姻關係，可能會形成阻礙。

大學教育為女人扮演另外一個新角色做好了準備，即強而有力的專業與管理職。在一九八三年，百分之三十三的行政和管理職位由女性擔任。許多女人以傳統的男性職場標準來衡量自己的成就，這些職場標準包括：向上流動性、經濟報酬、權威性與聲譽。一個人若抱有高度期待，就不會僅僅把職涯當成一份工作，因為若想成功，每週需要工作六十至七十個小時。

女性在工作中會遇到情緒問題，還有權力問題，比如要找到合適的指導者，並且害怕失敗、害怕成功，也害怕遭到性騷擾，因而沒有太多時間和心力與男人建立穩定的親密關係。

今日，有許多女性經由教育及職業找到新的自我定位，獨立地定義自己怎麼樣才算「找對了人」，視自己為生而完整的人，而不是像珍・奧斯汀（Jane Austen，《傲慢與偏見》作者）小說中的女主角那樣，透過結婚才能變成她們原本就能成為的人。但同樣重要的是，女人努力地重新定義兩性之間的親密關係，去定位那應該是什麼樣子。舊式婚姻的情節、舊式的兩性分工模式，以及舊式的「男人主導，女人順從」心理模式，不但老套又令人痛苦，甚至有壓迫性。

由於人口、社會及文化的現實面影響了所有女人，具有不同背景、不同興趣與目標的女性，都可能被捲入與已婚男人的關係，而且將來依然存在，二十五歲以上的單身女子中，沒和已婚男人談過戀愛的將成為少數，許多偷情可能會持續幾個月、幾年，有的長達數十年。

貼標籤

儘管社會力量傾向於塑造出「新型的」第三者，但文化上的刻板印象仍然根深柢固，她們被貼上經濟寄生蟲、心理生了病與社會行為偏差的標籤。

針對第三者，有一種諷刺的說法：她們是「被包養」的女人。這麼說不算中傷，但也並非善意。

根據這類想像，第三者是非常有魅力的女人，為已婚愛人提供性服務及陪伴，以換取奢侈的住房、食物和服飾。

雖然很少有第三者過著這樣的生活，但這種刻板印象，使得人們看不到她們實際的物質生活情況，看不到她們是多麼平常，看不到她們與普通女人有多麼相似。第三者來自所有的社會階層，大部分是工作養活自己，而不是被「包養」。

更具破壞力的刻板印象，是把第三者當作心理生了病的人。這種說法有兩個版本：自討苦吃的女人，與自戀的小孩。

按照「自討苦吃的女人」版本，第三者一而再、再而三地尋找痛苦：據稱，她們成為受虐狂的根源在於嬰兒期與兒童期的經歷，小時候可能曾經被虐待，不管怎麼樣，她們學會了把痛苦和愛連結在一起；而現在身為成年人，她們有目的地在尋找令自己痛苦的關係，因為這是她們唯一能感受到被愛的辦法。

「自戀的小孩」版本則聲稱：第三者從未跳脫戀父情結，也就是女版的伊底帕斯情結（Oedipus Complex，即「戀母情結」）。她們仍然想當「爸爸的小女孩」，所以神經質而身不由己地，透過追求另外一個女人的丈夫，與自己的母親競爭。這種神經質若發展到最嚴重的情況，就是向所有「有丈夫的女人」復仇，在她們扭曲的心智看來，已婚女人贏走了她們父親的愛。然後，她們開始任性地拆散別人的家庭，破壞他人的婚姻，因為她們無法剪斷自己父母之間的婚姻紐帶，這帶來了無盡的痛苦。她們無法偷走自己的父親，取而代之，就去偷別人的丈夫。

女人中的「其他人」

雖然任何一個第三者可能都知道，與平常的女人相較，自己既非受虐狂，也不自戀，但那些形容裡，可能有「一點點」成分對她來說的確是事實，她可能會被那「一點點」所困擾，在某些心情低落的時刻，可能把那「一點點」放大看待，認為那些刻板印象都是正確的。

即使許多心理學家拒絕認同受虐症與自戀患者有性別之分的說法，而認為無論男女都可能會出現病症，但充斥於媒體的女性第三者形象總是神經質的，很難讓人忽視。

藉由為第三者貼上寄生、有病與脫離常軌的標籤，人們創造了一種新的女性階級：她們被認為與其他女人不一樣，她們令正常的女人難堪，她們不合群，她們的生活注定被邊緣化。

然而，標籤掩蓋了真相，我們既看不到第三者的實際經歷，也看不到當今社會是如何為她們製造及建構出「第二世界」。這些標籤所突顯的，是旁觀者在思想和智慧上的自以為是。

根據女人與男人的關係是否具有社會正當性，人們把女人分為：「被包養的」與「自由的」，「有病的」與「健康的」，「怪異的」與「正常的」。於是，以男性為中心的價值觀，更深刻地烙印在我們的意識中。

傳統上，一個女人是什麼人，視她與男人之間是什麼關係而定；女人的身分依附於男人，生活與其他女人相隔離。第三者是女人中的「其他人」，與普通女人不一樣，是女性群體中的外人。

其實，她也是普通女人

事實上，第三者在許多方面也只是普通女人，像平常女人一樣，同樣承受著來自各方的壓力。

本書所述的五十五位第三者的生活，就證明了這點。這五十五個女人，來自不同的社會階層。

外表上，有的美麗，有的可愛，有的樸素；穿著上，有的有風格，有的無甚特色，有的不修邊幅；個性上，有的果斷，有的謹慎，有的風趣，有的嚴肅；有人信仰宗教，有人不信教；政治上，有的是保守派，有的是自由派；有人是女性主義者，有的更傳統一些。

在教育程度上，有的人高中畢業，有的人大學畢業，有的取得了更高、更專業的學位。在工作方面，她們從開始時的一無所知，成長為技術精湛的工人、專業人士與主管，有些是職員，有的從事自由業。

瞭解了現代社會第三者的生活，你將發現那是所有女人的生活。

瞭解現代的第三者，就是瞭解每個女人的希望與矛盾。

瞭解了第三者與已婚男人的關係是如何建構的，便會更瞭解兩性關係的特徵和結局。總之，你將更瞭解男女之間的友誼、性與愛情的走向。

無所不在的「第三者現象」

在男性數量不足，但社會規範堅持女人得進入異性戀關係才能擁有滿足的世界，在女人受社會習俗所限，同時又被嶄新機會吸引向前的世界——與已婚男人在一起，看起來好像是解決問題的真正辦法，因為所有的單身女人都處於緊迫的人口現實與文化現實規範下，「第三者現象」因而無所不在。

婚外情的普遍，並不意味著這種關係是對或錯。不過，這種普遍性確實顯示了，婚外情正在發揮更大的社會功能與個人功能，值得我們更仔細地審視。

實際上，與已婚男人的糾葛，對單身女人是有益？還是有害？

和已婚男人在一起，真的可以解決問題嗎？

對於兩性關係以及女人之間的關係，這個現象將導致什麼樣的發展？
為了回答這些問題，我們要從頭講起：

她和他，是如何開始的？

第二章

她和他的開始

「他」和「她」，是如何走到一起的？

第三者並不是一開始就想「偷走」或「借用」別人的丈夫，然而，「她」與「他」相遇的任何一種情境和場合，都可能成為一段關係開始的地點及時間點。由於活躍在公共空間及職場的單身女性增加，她們與已婚男人頻繁地相遇、交談及互動，光是這類社交活動的頻率，就提高了其中一部分的人關係更親密的可能性。

不過，即使有許多單身女性發現找不到單身男人，就算找得到也「質量很差」，但也只有極少數會轉而找已婚男人作為替代。

「她」並不是故意主動選擇成為第三者的。事實上，大部分單身女性明確地表示，並未預先設想過自己會和已婚男人在一起：

- 我從來就沒有準備要和已婚男人談戀愛。
- 我以前從未打算要捲入這種關係。
- 當時我單身。我對男人沒有興趣，更別提已婚的。
- 我的丈夫為了第三者離開我之後，我告訴自己，我永遠、永遠不會這樣對另一個女人。

這樣的想法是如此普遍，令人無法忽視，整體而言，單身女人並不認為自己是故意偷獵別人的丈夫。很可能，絕大部分身為丈夫的也會否認他們正在搜尋單身女性⑦。

若「他」和「她」都不認為自己是有意識地尋找這種偷情關係，若無法將他們之間的糾葛歸結為個人有意識的動機，那麼，婚外情為什麼會發生？「他」和「她」，是如何走到一起的？

⑦當我開始做這項研究時，訪談了十名已婚男性，他們與我訪談過的十位單身女性有婚外情。其中，八位已婚男性聲稱之前並未考慮過發生婚外情。

在我們的社會裡，男人和女人會有意或無意地察覺到他人的性欲望，並做出反應，透過這種方式，學習互相締結關係。即使是在非關情欲的情境下，男女之間的互動也會持續受對方的性別所影響。

一對男女只要相遇，不管多麼偶然，都蘊含著潛在的性元素，即使這種性元素可能被壓抑、被忽視或者並未引發出什麼行動，但無論如何，它一直存在。這就是生活在具有強烈異性戀規範文化中的後果之一，也就是女性主義詩人亞卓安．芮曲（Adrienne Rich）所指的「強制異性戀」。

幾乎是毫無意識地，置身其中者都會評估彼此的性魅力，接著，男女在對方身上找到了他們早就認為有性價值的特徵，憑著這些特徵的存在，兩人之間的性吸引力就被正當化了。

人們解釋被吸引的感覺時，常說對方「讓我覺得自己很棒」。當男人相信女人認可其性魅力時，在這個女人面前，他更容易感覺良好；而當女人相信男人是把她當作一個「人」來喜歡和尊重，不只是性愛對象時，也更容易感覺良好。

通常，男人和女人是以不同的標準解釋自己的吸引力。大抵而言，男人希望證明女人實際上對他有「性趣」，女人則希望證明男人對她感興趣是因為她這個人，而不僅僅是性的對象。對男人而言，「善於社交」和「有性愛能力」之間的界線是模糊的；但是對女人來說，這兩者卻是截然不同的。

「可以得到」的概念

依照常規的異性戀規範，在男女的第一次相遇中，無論哪一方，都可能率先表達對於對方的興趣。

如果是女人主動，會運用細微的暗示，比如眼神交流或借個火，而男人會將這些細微的線索，解讀為對自己的「性趣」，即便她只是想看清楚他的模樣，或借個火抽菸。按照社會的性別規範，當女人表示出感興趣之後，男人便可以理所當然地採取主動了。

在這些初期的互動中，女人仍然擁有「喊停」的權利。而如果她不拒絕他的推進，男人便可以斷定她被自己吸引了，他可以得到這個女人。

「可以得到」這個概念，在男人對形勢的判斷中是一個重要因素。

男人認為單身女人比已婚女人更容易「得到」，僅僅是因為她單身。已婚女人「屬於」另外一個男人，除非她發出強烈暗示，告訴別人她不想專屬於丈夫一人，否則她就會被視為已經「名花有主」，而男人如果不把已婚女人看作「名花有主」，就會激怒她的丈夫，惹禍上身，這會為男人的自尊心與人身安全帶來巨大風險。許多男人的確把已婚女性視為「屬於」另一個男人的女人，即使她發出「你可以得到我」的信號，也會被他忽略，因為男人希望迴避與她的丈夫之間的潛在衝突⑧。

而在單身女性與已婚男人的世界中，男人為爭奪一個女人要受的暴力威脅少了，於是，他可以一如既往地繼續主動引發兩性接觸。

不過，也有不一樣的情況，有愈來愈多的單身女性在不同的社交場合中，對男性採取主動。

整體而言，女人希望彼此的往來僅僅是為了交際或專業對話，但男人可能會解讀為與性有關。例如：女人會對男人提問、向男人求助，或者表示自己有多麼獨立，她說這些話的目的就是字面上的意思，而不是在發出性暗示。但男人可能會如此解讀：女人發問、求助或者說自己有多麼獨立，都是在告訴他：「你可以得到我。」

而且，這樣的解讀並非毫無根據，因為雖然女人可能並未試圖引誘，但她的確認為這個男人即使沒有吸引力，也至少不討人厭。更何況，她單身。除非一個單身女人以不合身的厚重衣服或脂肪把自己「去性化」，否則她就是在展現潛在的性吸引力。

在男人看來，如果女人繼續與自己互動，他就更確認自己的解讀是正確的。當他愈瞭解這個女人，比如：她正處於兩段親密關係之間的過渡期，可以接受新的感情，是「解放的女人」；或者相反，她需要幫助，她有麻煩……就有愈多證據支持「我可以得到她」的假設。

但是對女人而言，因為她想要相信自己是被視為一個人尊重，便低估了對男人的性吸引力的影響。

此外，因為男人已婚，她可以把男人對她的興趣解釋為與性愛無關：

我沒有讀懂信號，完全沒有察覺。順便說一下，我跟單身男人就從來不會這樣，因為我一直在他們身上尋找那些暗示，我是把他們當作可能的對象來看的。

整體而言，「他」和「她」都不是故意要製造這樣的關係，但隨著愈來愈多單身女人進入社會和職場，人生歷程起了改變，異性相吸及得到對方的可能，也在不知不覺間形成常態。

社會變化使女人置身於過渡性的角色，重返校園，離婚，換了新的工作，重新檢視

---

⑧在探索性研究中，我請四百名上「社會學入門」課的學生完成一個故事。我給了一半的學生故事的主線：「珍是單身女性，她與已婚的喬是情人關係。」另一半學生得到的線索是：「珍是已婚女性，她和單身的喬是情人關係。」幾乎所有男學生都為已婚女性和單身男性的故事設計了暴力的結局，但單身女性和已婚男性的故事結局卻不盡相同。此外，某些州的法律賦予丈夫殺死與妻子通姦的男人的法律權利，與性侵有關的法律是建立在以丈夫對自己的性財產——即其妻子享有專有權的基礎上。我懷疑，男人之間的暴力威脅作為一種社會控制機制，可能比我在書中描述的更加強烈。

自己原本的身分。事實上，現代女性生活的主要特徵之一，就是她們所處的境遇是過渡性質。

在她們與已婚男人的親密關係中，「人生的可變性」具有舉足輕重的影響，不管是生活尚未穩定下來或是仍有事懸而未決的女人，都比較容易接受一段新的經歷。許多單身女人遇到已婚男人時，都是處於角色轉換期或個人生命過渡期。

- 那是我中斷學業十五年之後，又重返校園的時候，我非常緊張和興奮。
- 我的丈夫為了另一個女人離開我，我正在努力找回自尊。
- 我的律師生涯剛開始。
- 我那時想探究「我是誰」。
- 我那時希望弄清楚自己是不是異性戀。

職場的權力與平等

現在的女人比以前多了很多選擇，也有潛力在許多方面做出改變，比如：教育、工作、婚姻及性取向。

要求女人「找到自己」的社會文化日益強烈，然而，女人在生活或小說中卻沒有可供仿效的對象，也沒有教女人如何找到自我的書籍。而且，已經走過重大過渡期的女人，可能對結果並不滿意。

但和早些年代的女人不一樣的是，現代女性認為生活可以一遍又一遍地改變，命運並不會永遠受限於之前做出的決定。扮演新的社會角色與發展新的親密關係，總是有可能的。

單身女人由於有了新的角色和社交活動，能夠遇到已婚男人的機會因而增多，場合也更多，無論在平日或是工作、休閒時，都有可能。職場上有許多單身女性，在工作場合也經常遇上已婚男性。

然而，因為女人仍然聚集在報酬低、聲望低的職位上，她們遇到的已婚男人常常是上司：

●我去面試，那是一份很好的工作，收入可以增加五千美元，我能升到管理職，不再是普通職員。我知道我有能力勝任那份工作，但我沒有任何背景來證明。他可能會是我的老闆，人挺不錯的，我們聊了一下，但我們是光明正大的。

●我修過他的幾門課，成績都很好，決定也投入他的研究領域，於是我成了他的研究助理。

長久以來，大部分女人在職場中的職位比男性低，而這種情況一時還不會改變，影響所及，「單身女人遇到已婚的男性主管」成了一種常態。一方面，由於女人欣賞有權力的男人；另一方面，由於她們得依靠服從上司的意願來保住工作，於是這些額外及強烈的社會力量，為職場偷情提供了便利性。

除了已經牢固建立的「男性主管——女性部屬」的工作模式外，也出現了一種新趨勢，就是女人以「同事」的身分，進入男人主導的職場。

一直以來，職場都是男人的世界，男人透過排斥女性，打造了職場中的男性同盟，抗拒女人進入。人們為合理化這種現象所找的理由是：女人進入，將引發性欲、嫉妒與糾紛，男人對工作的專注會被分散，男人的團結會受到威脅。

然而，一個女人是否有性吸引力並不重要，更重要的是，這樣的理念造就了實實在在的後果，也就是社會學家莫頓（Robert K. Merton）所指的「自我應驗的預言」。如果男人本質上便視女人為性愛對象，即使在不涉及性的情境下，也會將女人置於性愛角色之中。若女人身上的性元素在職場中太突出，男人將繼續以其性標準予以回應和判斷，而這影響了他們如何看待女人所具備的能力，也增加了單身女性與已婚男人偷情的可能性。

由於「平等關係的男女之間應該怎麼相處」缺乏清楚的規則指引，因此，就連如何詮釋男女同事之間的好感，也頗令人困惑：

我們都是實習生，一起參加小組長甄選。他不愛競爭，不會自大或者看輕我，也沒讓我覺得自己蠢。我不認為他是想把我弄上床。我不知道怎麼解釋這種感覺，之前我從來沒有和男人一起工作過。

相遇的場合：工作、交友與偶遇

社會文化中潛藏的異性戀情欲傾向是如此強烈，因而男人和女人不用在現實中相遇，也能形成職場婚外情。一名女編輯和一位已婚男作者之間的經歷就是這樣，最終，他成了她的情人。兩人因為工作關係透過網路而認識，起初的來往也僅限於網路：

我是在網路上認識他的。我們一起開網路會議，我喜歡他的思考方式。有一天，他在網上私訊我，這樣其他人就看不見我們發的消息了。他接近我，讓我感到受寵若驚，因為在我腦中所設定的他是個重要人物。我們開始線上聊天，我以為在網路上調情是安全的。

除了因工作關係而認識，休閒與社交活動也是可能的相遇情境。然而，由於未婚者和已婚者的社交圈不同，也因為單身者大部分的休閒活動是同性一起進行，所以單身女人和已婚男人從共同的社交活動開始交往的情況，相對來說並不普遍。此外，沒有男朋友的單身女子，在夫妻、情侶的世界中尤其不受歡迎，因為她們被視為威脅。所以除非已婚男人去參加單身者的活動，或者固定地獨自參加聚會，才可能透過社交活動認識單身女人，進而展開婚外情。

這並不是說親密關係永遠不會在朋友之間發生，一個女人離婚後，有可能與「老朋友」建立新的關係：

我離婚前，我們兩對夫妻是朋友。離婚後，他時常來看我，並幫我整理院子，處理其他的事情。他幫我檢修車子，我們一起聊天。他是一個很好的老朋友。

共同的朋友，也有可能居中介紹兩人相識：

我有一個離了婚的男性朋友在我住的那一區做室內設計生意。一晚，我們倆在傑里酒吧，朋友跟我聊起他生意搭檔的傷心往事，他的搭檔的婚姻很不幸福，而他只是想認識一些女性朋友而已。於是我說：「那你下次約他一起來吧。」我覺得自己很傻，那種人根本就不應該見的，但我到他們公司去，實際跟他見了面。後來，他也和我們一起去傑里酒吧。

男性情誼有悠久的歷史，一個男人為另一個男人「代言」，不只發生在傳說中，更是極常見的情況。從念中學起，男孩就會為其他同伴牽線，長大後成了男人也是如此。男性情誼透過直接或間接地共享戰利品而建立。離異男人與已婚男人構成的哥兒們圈子，可以帶來多種可能性。離了婚的男人可以幫忙滿足朋友對女性友誼的需求。

除了經由工作和社交生活相識，兩人的相遇，還可能是偶然的。職場地位高的單身女性偶遇愛人的機會很多，工作帶來了多樣的機會，增加了偶遇的場合與頻率。事實上，今日所有單身女人都比從前享有更多的行動自由，這也使得偶遇的情況變得更頻繁。

●搭飛機時，他坐我隔壁，我們開始聊天，我告訴他，我對於再回去念大學的事感到很緊張，沒想到他是大學教授，表現得很支持我。他的話對我的幫助非常大，讓我安心不少，有了自信。而很巧的是，我們要去的是同樣的地方。

●我決定要塑身，因為我覺得自己很胖，肉很鬆弛，我討厭自己。言歸正傳，當我用健身器材用得筋疲力竭時，教練走過來問我是否需要幫助。他幫我制定了一份鍛鍊日程表，把我安排在他也會在的日子做訓練。我們坐在按摩池裡聊天。

●我覺得很無聊，便進了一家從來沒去過的酒吧。當我喝著酒，和一些老男人聊天時，這個笨拙的人開始藉機參與我們的對話。我並沒有打算要認識什麼人，所以當他站起來對我說：「你要跟我來嗎？」我回答：「不要。」接著他說：「我會在外面等你。」我就像是被他引誘出酒吧跟他走的。當時沒什麼大不了的，只是一起過個夜而已。

對於這些處境類似的女人來說，性解放與女性運動帶她們進入了過去只有男人參與的場合：飛機、健身房及酒吧。

在這些場所，女人可以和男人聊天，跟男人共乘計程車、共享按摩池，甚至連上床都成了「沒什麼大不了的事」。

女人的獨立，彷彿推翻了父母「不要理陌生人」的警告，長大的女孩們開始跟陌生人來往了。

尤其是對於正在經歷重要人生過渡期的單身女性來說，與陌生人來往是很有幫助的事。對著一個陌生人，可以短暫地演練自己的新角色，做出與平時不同的行為，而當她們發現這些短暫的邂逅大多是愉快、療癒，並且能帶來啟發的，便更樂意主動與更多的陌生人互動，更積極地回應陌生人，也在這些互動中做更多的嘗試。在這些看起來無足輕重的邂逅中，女人享有正面經驗的次數很可能增加，與已婚男人展開婚外情的可能性也因此提高。

關係升級

在工作、玩樂和日常生活中，以及經歷重要角色過渡這種更複雜的情況下，單身女人與已婚男人不期而遇的機會很多，會相識並不令人意外。由於我們生活在兩性之間充滿情欲互動的社會文化中，這些相遇蘊含性元素，也就更不足為奇了。但這並不能解釋兩人是如何陷入更緊密的糾葛，而朋友關係、性伴侶關係或工作關係，又是如何轉化為親密關係的。

關係升級的一個主要原因是：男人和女人對當時的情況有不一樣的評估，「他」看到的現實，與「她」看到的現實不一樣。

很少有單身女性認為已婚男人對自己感興趣，是因為自己是女人。也很少有女人認為最終成了愛人的他，在兩人初相遇時只是把她看作性愛對象，甚至是「有性的人」。

關於一個男人對自己感興趣的原因，女人寧願建構出一個相當普通、日常的解釋，她把他置於一個熟悉、沒有威脅性的角色中，像是老朋友、新朋友、指導者、同事，或短暫的偶遇。即使偶爾從他身上看到了「性」的可能性，她也會把男人置於「臨時關係」這種安全的角色上，跟他只是一夜情，不是愛人。

不管一個女人如何定義親密關係，她總以為自己的定義也應該是雙方的共識，並且認為這段關係很安全。

女人相信自己和男人的關係是安全的，部分原因在於男人很少隱瞞自己的婚姻狀態：

- 他那時戴著結婚戒指。
- 他的桌上擺著妻子和小孩的照片。
- 他的妻子也在同一家公司工作，會定期進進出出。

她是如此篤定地將兩人之間的情況定義為中性的，認定這段關係「光明正大」，因而，即使男人對她隱瞞已婚的事實，她也會為關係的延續找正當化理由，因為她相信自己所下的定義足以主導這段關係的後續發展：

我們是在酒吧相遇的，在一起幾次了。兩個星期後，我問他有沒有結過婚，他說有，我就理解為他離婚了。

我不認為自己上當了，雖然他沒有說他已婚，但讓我有點不舒服，我猜我是有點不安。那時我對他沒有很強烈的感覺，我另有感興趣的人。當時我想：好吧，我還是能跟他做朋友。

「友誼」的定義，男女迥異

有一個女人未體認到但很重要的現實是：對於兩人相處的情景、意義與目的，男女雙方的定義不一樣。兩人使用的字眼相同，然而，傳達出的意思卻不同。「友誼」就是一個被「性別化」的詞，之於男人與女人的意義不同。

對於女人而言，友誼意味著展現自己脆弱的一面、開誠布公、敞開自我和提供情感支持。

而對於男人來說，友誼是一起做某件事，一起玩。

從童年時代起，男人與女人的友誼形式就顯露了差異：年輕女孩喜歡排他性的、情感親密的兩人友誼；年輕男孩則喜歡一群、一隊、一組或一夥地玩，彼此的情感分享是有限的。進入青春期後，朋友圈隨之擴大，但女孩仍然比男孩更喜歡待在小團體中，視友誼為彼此吐露心事和對話，而不是像男孩那樣把友誼定義為一起做什麼事。

對於女人來說，情感親密的友誼很重要。女人也希望和男性成為朋友，所以單身女人會將已婚男人置於「老朋友」或「新朋友」的角色中。

「老朋友」是熟悉和安全的，例如：兩人從大學時代就認識，女人會認為這個男人在她離婚之後幫助她做粗重的家事很自然，但是最終，他成了她的情人。清理完排水溝或修理草坪後，他們會一起吃午飯、喝啤酒，然後「暢談舊時光，是真的好朋友」。她給他貼上「老朋友」的標籤，以隱藏對他日益增加的感情。

通常，在與已婚男人發展關係的初始階段，女人會把這段關係看成是新友誼的開端。新認識的男人則被定位為「新朋友」。

● 我想他是個有趣的人，會是個很好的朋友。

● 那時他對我很好。他看起來真的很關心我，就像關心朋友一樣。

● 那是我人生中很需要友情的時候，他正是我需要的那個朋友。

然而，由於性元素的存在，女人與某個她認為有魅力的人保持「只是朋友」的關係，也會導致性方面的緊張，即便被壓抑，這種緊張感也會浮現出來：

關於我們之間的事，我們討論了幾個月。只有在他下班之後，我才跟他見面。我告訴他，我不介意只是做朋友，純粹柏拉圖式的，但如果他想有肉體關係就算了吧。他卻還是一直約我出去，所以我明白他也是想當朋友的。

「他是朋友」的依據，在於他願意放棄發生性關係，雖然很明顯地，關於「上床」的事已透過各種可能的方式提出來過了，否則她沒有必要與他討論這件事。不太明顯的一點是，願意花幾個月來討論這個問題，意味著她已經投入了足夠長的時間，來讓自己相信兩人之間是友誼，即使這段友誼正在演變成更進一步的感情：

我們有兩個月沒見面了。我覺得他太積極了，我不想和已婚的人糾纏，我總是告訴自己，我永遠不會做這種事，永遠、永遠不會。他被我吸引了，所以我跟他說我對這種關係的看法，其實我也是在告訴自己。那時，我們只是好朋友，我不認為這有什麼不好的。和他相處起來很有意思，很舒服，而且他看起來很聰明。

女人的矛盾心態顯示出來了，她認為兩人的關係「只是朋友」，卻擔心他「太積極」，他被自己「吸引」。她確切地知道這個男人不再只是「相處起來很有意思，很舒服」的人，確切地明白他有可能變成愛人。

她決定暫時從他身邊退離。

這個女人為了把兩人維繫在「友誼」狀態所做的掙扎，許多單身女人也都經歷過。但即使她們一時成功，最終仍可能敗下陣來，因為友誼經常被女人視為「性與愛」的先兆，關於這一點，我們會在後面進一步討論。

職場上的往來

男性朋友所引發的性緊張狀態，也會給女人帶來一連串的問題，而如果是來自於老闆或同事，問題更嚴重，因為這將危及工作。減少性緊張狀態的一種辦法是，堅定地把男性置於監督者、指導者或同事的角色上。

由於工作角色之間是互相依賴的，需要人際往來才能完成，因此，男女雙方會以正式或非正式的形式共處，在公司、大學、醫院或工廠等地點，已婚男人是單身女人的上司、指導者或同事。一開始，工作上的角色能讓女人自圓其說，解釋為什麼「他」會出現在自己的生活中：

- 我們參加同一個委員會。
- 他是我的指導老師。
- 他是我的直屬主管。
- 他是導演，也在那個工作室工作。

人與人之間的關係愈近，就愈有減少人際張力、消除衝突的必要。因此，當大部分單身女性懷疑，自己與男人之間除了工作、指導及共事關係之外，還有別的什麼時，都會想把這種疑心打消掉。由於不想把周遭的男人視為性騷擾者，因此，她必須將男人的性暗示可能減至最低，或者乾脆否認。

並不是女人未意識到自己的性魅力，或者不享受這種權力帶來的感覺，也不是說沒有女人刻意利用性魅力進行交易，而是指在整體上，女人低估了在與男性共事時，自己的性別所產生的影響。

有位年輕女主管的經歷就說明了這點：

我們整個部門的同事偶爾會一起出去喝酒，或者做其他活動，都是所有人一起，像一個團隊那樣。在我成為辦公室的高階經理後，開始和他開午餐會議，都是很專業的餐會，甚至有點專業過頭了。但我們這個團隊仍然會一起外出和往來。我們去一個叫「陰影」的夜店聊天、跳舞。後來，他會打電話給我，對我說：「去『陰影』吧，我們可以下棋、談事情……」對我來說，就像是多了一個人給我指導，只是他是男的。

她和老闆的交往很快便展開：和整個部門一起出去是完全沒有風險的，接著是兩人的午餐會議，並且繼續之前那樣的團體往來、夜店和跳舞。不久之後，就只有她和老闆在夜店見面，然而她堅持認為，他只不過是對她的工作能力感興趣。她拒絕承認對於談公事來說，夜店是一個怪異的場合。

「他選那裡，」她說：「是因為他知道那兒離我住的地方近。」她這麼講，彷彿在夜店見面是男人做出的工作決定，而不是一個創造「性機會」的決定，但最終結果顯示，他就是為了性。

女人預料到，男性朋友和男性同事會在她們的生活中停留相當長的時間，因此要處理與他們之間的性緊張，就得選擇能夠保護朋友及同事關係的方法。

當女人還是女孩時，社會化過程就教導她們要在人際往來中避免衝突，努力取悅其他人。

進入成年時期後，「不傷害他人」則幾乎成為女性的道德框架。友誼與工作的關係愈緊密，女性愈覺得自己有責任把關係維繫在友好狀態，這意味著她們必須不理會或忽視那些不和諧的徵兆，並且為產生任何誤會擔起責任。

偶然相遇

與女人「對友誼和同事關係的責任感」形成直接對比的，是偶遇的男性，以及可以被歸為「臨時關係」的男人，這為女性提供了一種道德出口，她無須為兩人的關係負責，因為他們之間「沒有關係」。她享有很大的控制權及自由，可以把男人只當作一夜情的對象：

我們是在醫院的候診室遇到的，兩人一起出去吃了頓飯，聊得特別愉快，真的很棒。我可能不應該單獨和他出去，但是如果我不這樣做，他可能會失望，而且他看起來真的是好人。飯後，我請他喝了一杯。

我有幾分是在邀請他——不，是撩撥他來挑逗我。我們坐在長沙發上聊天，我記得自己當時上身向前傾，一邊揉著背，因為我的背在疼，也因為那是一種非常挑逗的姿態，他也伸出手來幫我揉背，接著，他愈來愈用力。我放棄了克制，邀他過夜，而他答應了。我不是刻意要那麼做的，但是這件事所有的責任都在我。

短暫的相遇，被認為本質上是「安全的」，因為這個男人經常是住在其他城市，因為兩人沒有「正式地」相遇，因為調情是無害的，也因為女人可以跳脫「對別人必須比對自己還要關心」的道德規範。

由於女性發生一夜情的正當性逐漸增加，只要女人願意，可以視性行為為無意義的玩樂，或是從責任中解脫的一種方式。

這種對性的新定義更加為社會所接受，甚至和老朋友或工作夥伴發生性愛也可以被視為「一夜情」，好比一場不會改變兩人關係原有基礎的暫時性越軌，進而被合理化，並減少了風險。

與老闆定期在夜店談「公事」的年輕主管的經歷，就說明了這個過程：

> 有一天晚上，我們出去了，或許是因為我太脆弱，我也不曉得是什麼原因，結果他就到了我住的地方……他沒有留下來睡，但是第二天早上打了電話給我，問我：「你還好嗎？」他就是個完美的紳士。
>
> 我們針對這種事可能會影響工作的問題長談了一次，我說，那晚的事不代表什麼，最多只能算個巧合，我們兩人當時都有點醉。我不是會有一夜情的人，但把那一次發生的事說成只是巧合，真的讓我感覺非常好，因為工作才是最要緊的。

如果工作或友誼真的很重要，那麼，女人把男人置於「一夜情」的臨時角色中，可以幫助她保住對於「兩人之間是怎麼回事」的原有定義，也能使她讓關係回歸「正常」。

拒絕承認現實

女人把出現在自己人生中的已婚男性歸類為「熟悉而安全的朋友」、「同事」或「豔遇對象」，會產生一些意想不到的後果：她以為他是安全的，因而愈來愈受他吸引，產生與他有關的種種遐想，並且完全不會感到內疚。朋友或同事等熟悉的角色掩蓋了暗流，她可以對自己解釋兩人為什麼會在一起：他是朋友、老闆、指導者，或者只是一連串豔遇中的一段而已，以說服自己「沒發生什麼不正常的事情」。

值得注意的是，有些女人極力拒絕去承認，這段潛在的關係已經起了質變。

有個女人邀請一位旅行中的已婚男子到家裡過夜，卻說服自己只是在約個「朋友」，就像她會邀請其他任何朋友回家作客一樣。

還有一個女人，當男性朋友在深夜帶了一瓶香檳造訪她家時，她否定了這個朋友除了友誼，還存著別有用心的動機。

另一個女人把老闆深夜打電話給她，解釋為只是關心她的工作情況。

還有一個女人相信男主管的車子是真的出了毛病，兩人才會不得已在汽車旅館過夜，主管要了一間兩張床的房間，她確信，那僅僅是出於經濟考量。

在這個階段，女人拒絕承認實際上正在發生的事情，這可以保護自己免受潛在傷害，也就是：「假如他只是把我當成朋友／老闆／指導者／同事／一夜情的對象在關心，那他就不大會拒絕我。」

這也保護了女性的自尊，比如：「若他是因為我的人品或工作能力而看重我，表示我是個值得重視的人，也不會有行為脫序而成為第三者的可能。」

如此一來，也就避免把希望寄託在沒機會之處，因為：「如果他不會對我感興趣，那我也不用在他身上多費心思。」

同時，也防止了她走偏人生路，因為：「若他不是我的情人，那麼關於我對人生和規劃的選擇，他就沒有發言權。」

每個女人都有一套特定的需求要靠否認現實來滿足，因而這份「自我安慰」的清單可以無限延伸下去。而在這一點上，可能與常規中的女人頗為相似。「拒絕承認現實」是所有女人得以適應這個男人統治的世界，生存下去的一個主要機制。

然而，儘管「拒絕承認現實」可能有一定的幫助，卻會導致最初促使女人逃避的情境永遠延續下去，因為她不去試著改變，不願承認這一切如何形塑了她的生活。

刻意與非刻意

不過，話又說回來，若硬要說沒有單身女人是刻意要找已婚男人的，這又是太簡單的誤導。有些女人是願意接受這個選項的：

我察覺到他約我出去吃飯，絕對不只談公事那麼簡單。那時，我剛辦完離婚手續不久，我想當時我是存著「管他的，我就想試試看」的心態，假如他願意，那我也願意。就像你在書裡讀到的那樣，對吧？

還有一些單身女人專門找結了婚的男人偷情。有些女人把當第三者看作一種「事業」，定義自己為「情婦」。一位頗有魅力的女人說，她的事業「策略」是「向上爬」，利用每一個情人作為「墊腳石」。她透過舊情人認識新情人，從一名律師變成法官，再成為參議員，而她下一步是計畫進入金融界。

另一個女人刻意找已婚男人，是希望像「電影裡的情婦」那樣被對待：

我不跟單身男人約會，我有自己的原則。和有老婆的在一起，我可以享受所有的好處，又沒有麻煩，在跟他的關係裡，我能感覺到自己對他來說是特別的，卻不需要對他做出承諾。通常當你得到已婚男人，便是得到一個不忠、不安分的人，他會到處跟人睡，假如他不是那種人，當初也不會出軌了。把他從獵場上拉出來，看看你能擁有他多久，這也是一種樂趣。這種競爭的對手不是他老婆，而是其他的第三者，有好幾個。這種遊戲玩起來很有意思。

不過，在不斷與已婚者產生糾葛的大部分現代第三者中，這些自封為「情婦」的女人並不具有代表性。

大部分的第三者並未預期要與已婚男人發展關係，她們不稱自己為情婦，也不是靠當情婦謀生。而且，她們只是誤打誤撞地進入第一段關係、第二段關係，可能還有第三段關係。

大部分第三者捲入婚外情的方式，幾乎都是一樣的：偶然地，非刻意地，接著在有了當第三者的經驗之後，漸漸變得重視這種關係的價值。經歷過這種關係後，她們可以熟練地辨識已婚男性發出的暗示，也可以熟練地發出不會被誤解的暗示。

中年女人與年輕女性

有兩類女人與單身男人約會的機率很低，就是中年及年齡更大的離異女性，和年輕的上班族。儘管原因各不相同，但這兩類女人很可能都會有一連串與已婚男人的關係。

一位離了婚的五十歲舞蹈老師，這樣談論已婚男人在中年女人生活中的角色：

準確地說，我不是要找結了婚的。相信我，我也希望能找到單身男人約會，但是外面那些單身男人的素質很差，而且我也不喜歡去單身酒吧。我五十歲了，能有的選擇就是：不約會，或者和已婚男人約會，而他們就在我的生活中，比如度假的時候、參加我兒子的活動時，或者在我工作的地方。有意思的男人全都有家室了。

當女人年紀愈來愈大，能夠約會的有趣單身男人也愈來愈少，而且單身活動往往以年輕女性為主，例如：要一個五十歲以上的單身女子，在單身酒吧和年輕女人競逐男人，既殘忍又奇怪。中年女性若是渴望男人的陪伴，或許只能在已婚者當中找了。

不斷增加的離異中年女性還面臨著一個問題：她們的收入有限。許多人在離婚前，經濟都依賴丈夫，離婚後所做的工作收入又低。她們可能會從「實用」角度，看重男人所能提供的額外好處，像是吃飯、玫瑰花、旅行、衣服等，有一個能提供自己生活各方面便利的男人，即使已婚也比沒有強。

對這位舞蹈老師和其他處境類似的女性來說，和已婚男人在一起，是生存的經濟考量中不可或缺的一部分。在舞蹈老師的周圍有一小群已婚男人，互不曉得彼此的存在，而她期待的是他們對她獻殷勤，送禮物給她。

此外，她對於結婚的態度是矛盾的：

我不想只是為結婚而結婚。坦白說，我不想要伴隨婚姻而來的那些麻煩，我對這一點非常矛盾。

與她形成直接對比的是一名從未結過婚，為政府工作的三十多歲女律師。過去八年，她和已婚男人有過四段戀情，如今第五段即將展開。之前那四人都是她的同事，「新的這個」是她在一次獨木舟旅行中認識的。

在人生的這個階段，她更喜歡選擇有家室的對象：

我喜歡自由，不喜歡窒息的感覺，我不適合太多沉重的感情負擔。要是跟單身男人在一起，我就不曉得還能不能繼續擁有這些，不確定自己能不能像現在這樣掌握控制權。失去主導權會令我驚慌失措。有一度我曾被一個很差勁的男人折磨得幾乎完蛋。

至今我遇過最讚的關係，是和一個有婦之夫在一起，那完全不是什麼浪漫愛情，但是真的很適合我。他的體格非常棒，是最美味的禁果。我沒有被那段關係所窒息。很好玩，我們的性生活像煙火般燦爛。

在許多方面，她是在男性不足的環境中長大，經歷過婦女運動和性解放運動的那一代女人的縮影。就和很多同年代的女人一樣，她被單身男人傷害過，不想重蹈覆轍。由於有了新的文化意識形態與新機會，實際上，她可以擁有相當自主且經濟獨立的生活，將男人的重要性降低至僅僅是提供性生活：

假如不是為了美妙的性生活，要男人幹麼？男人沒有其他用處。女人的個性更好，更適合做朋友，更忠誠，更溫暖，比男人更有同情心。所以和男人在一起，唯一的理由就是為了得到美妙的性愛。如果你給不了我美妙的性生活，那我找你做什麼？

與中年舞蹈老師不一樣的是，不管在經濟或情感上，她都不需要或不想受到男人的照顧。她不需要他們提供「男人的好意」，所需要的僅僅是「美好的性」。她真心地很看重女性友誼。

還有，不像舞蹈老師，這位女律師對婚姻的事想得很清楚：

我不想結婚。我喜歡一個人住，喜歡控制自己的經濟狀況。婚姻能給的東西是不確定的，我有許多已婚朋友連另一半的陪伴都得不到。我的朋友為我提供了社交生活，我自己有一小筆錢。我想擁有的只是美好的性關係。

「真的」喜歡上了

整體而言，有經驗的第三者能夠讓兩人之間維持在「冷卻」狀態。她們能夠保持一定的距離，享有一定的控制權，因為多次經歷過這種關係，而發展出了情感上的自我保護策略，老練地將已婚男人置於「另一個已婚男性」的角色中。

然而，即使是她們，有時也會誤判情勢而失控。事實上，在中年舞蹈老師與年輕律師的身上都發生了這種情況，出乎她們所料的，兩人都動了情。

無論是有經驗的第三者或新手，都有可能遇到這樣的狀況，沒什麼好奇怪的。

現代社會的建構方式，使得婚外情變得不希奇。從人口統計上看，單身女性在工作和娛樂方面享有更多的流動性，有愈來愈多的人進入過去原為男性專屬的領域。光是兩性互動的頻率，就提高了她們與已婚男性之間關係升級的可能。許多單身女人正在經歷個人生涯變化，進入新的角色，處於過渡期，因此樂於接受新的人生體驗。

男女邂逅繼續蘊含著「性」的弦外之音，而且男人對兩性邂逅情境的定義與女人不同，更涉及「性」。由於女人繼續相信對方「僅僅」是朋友、指導者或同事，便忽視了展現在自己和已婚的「他」面前的信號，忽略了彼此的感情正在升溫的事實。

潛在的親密關係是如此多樣，我們可以預料，有一些關係將會深化。在早期的「捲入」階段，雙方花時間相處及思考這段關係。她開始真的喜歡上他了，即使是通常在親密關係中冷靜保持距離的女性，也會將兩人的關係形容為美好、舒服、迷人、珍貴和令人興奮的，認為「他」好棒、親切、聰明、有趣等等。在兩人關係的這個階段，女人「無知便是福」。

第三章

性是主要因素嗎？

性與男人的刻板印象

單身女人與已婚男人之間的戀愛關係，通常被看成是性關係，也就是說，人們認為這種關係存在的目的就是為了性。社會對異性戀的行為規範是如此強大，社科研究範圍如此狹隘，大眾思維是如此根深柢固，因此，我們有必要先簡單地思考一下這樣的大眾觀點，接著再討論如今在「她」與「他」的關係中，「性」到底扮演什麼角色。

直到不久前，婚外情的相關研究還是把「性」當作主要或者唯一的元素，而且這些研究的重點，幾乎都放在「他」的性需要與性經歷上，而未關注「她」那一方。整體而言，這些現存的社科研究，是在反映人們關於性與性欲的普遍文化信念，不見得反映了婚外情當事人的真實經驗。

這些大眾文化信念中最核心的是：性是男人的領域，性是由男人擁有、實現和贏得。男人為了性愛而找女人，也的確和女人做了「那件事」。我們習慣使用的語言是把性加以物化，把性「男性化」。男人被看作是比女人更需要、也更想要「那件事」的人。

有些研究者提出文化理念是反映男人的生理需求，辯稱出軌是基於男人的雄性本能，可以歸結於具體的神經系統特性，當神經系統反覆受到同樣的刺激，性興奮就會變得遲滯，比如黑猩猩的例子：一段時間後，雄性黑猩猩對配偶的喜愛程度，就會變得不如對保齡球和鐵絲雌猩猩玩偶的喜愛。研究者們宣稱「心理疲勞」是像黑猩猩一樣的男人們拈花惹草的原因，單一伴侶制讓神經系統太疲累了。

許多為婚姻提供諮詢及建議者表示，「性」對於男人無比重要。《完整女人》（*The Total Woman: How to Make Your Marriage Come Alive*）的作者瑪拉貝爾・摩根（Marabel Morgan）斷言，丈夫找第三者是為了重新感受對性的熱情，而身為妻子要預防這種事，就得當個「性天使」，讓丈夫重拾對她的「性」趣。《如何成為幸福婚姻中的情婦》（*How to Be a Happily Married Mistress*）的作者羅伊斯・伯德（Lois F. Bird）對妻子們說：「他會選你做情婦嗎？情婦會勾引人，而妻子是服從。」家庭諮商工作者的慣用說法則是：要進入男人內心並留住他的心，得透過他的生殖器。

於是，「性」就成了男人想要，但由女人來控制的事情。「那件事」成為所謂女人擁有更大力量的戰場，因為她們可以靠性來操控男人。由此，女人被分為兩大類：靠「不給性」來操控丈夫的妻子，和靠向男人「提供性」來操控他們的情婦。

男人也被賦加刻板印象，被看作有獸性的，可以受美好的性愛所馴服。脫離正軌的丈夫則像是不聽話的貪婪青少年。

第三者觀點

雖說人的社會化過程，確實讓男人比女人更加重視發生性關係，但是若將已婚男人的婚外情認定為全部或主要是為了「性」，就是太以男性中心來看這種關係，曲解了它。更糟糕的是，蒙蔽的社會標準讓我們看不到「性」在這些男女關係中扮演的真正角色，正如女人的性事一直以來都是被忽視的，直到不久前才有所好轉。第三者的性生活與經歷也是如此，我們對其幾乎一無所知。

同樣身為女人，所以第三者和所有的女人有著很多共同點，包括對性的態度。像大部分女人一樣，她們的性在社會化過程中被壓抑了。對女人的性壓抑以及在性方面的雙重標準，可能是源於男人想確保財產由自己的子孫繼承。雖然社會對女人在性方面的期望在轉變，但是，對此加以抑制的社會化過程仍在繼續，因為性壓抑的女人們按照自身的形象來養育女兒，透過言教及身教，把女兒的性需求及性取向的重要性降至最低。

與已婚男人在一起的女人經歷了前述社會化過程，對此也抱有同樣的態度，容易低估「性」對自己的重要性。在「性是男人的地盤」此種強大的文化信念之下，這不足為奇。

●我在性方面有很多問題，幾乎完全缺乏性的快感。這段關係對我的重要，僅僅在於給了我另一個取悅男人的機會。

●對我來說，我們的關係有很大程度上是圍繞著「吃東西」。似乎找個地方一起吃午餐或晚餐是大事，「性」卻不是。

更令人吃驚的是，許多第三者認為對她們的情人來說，「性」也不是那麼重要。

●讓我們在一起的並不是性，而是聊天與彼此陪伴。他跟我見面半個小時，就算只和我坐下聊天，也照樣很開心。

●事實上，很多時候我甚至無法引誘他上床。那不是他感興趣的點。不管他從我這裡想要的是什麼，反正不是性。

●因為他的年紀，他很少能勃起到哪去。我不知道一個六十五歲的男人行不行，反正他是不行了。我們之間從來沒怎麼做，因為他什麼都做不了，所以他只是喜歡裸躺在床上或者一起洗澡之類的。

由於女人與男人看待性生活的視角不同，因此，第三者對情人興趣點的評估不見得完全正確，女人比男人更容易低估所處關係中的「性」元素。不過，情侶之間確實有許多除了性愛以外的相處，像是聊天、吃飯，或是僅僅彼此陪伴。至少在第三者眼裡，除了「性」之外也有別的活動來共度時光，才是更重要的。

堅持「出軌關係主要就是性關係」的想法，是對第三者形象的矮化，妻子們可以把第三者視為只是丈夫的性玩物，而不是人，第三者因而遭汙名化，喪失個體的獨特性。

削弱第三者的存在感，或許有助於妻子面對及適應丈夫的不忠，但妻子的這種適應，最大獲益方是男人，而不是任何一個女性：妻子可以做一個完整的女人，把生命奉獻給丈夫；她可以原諒丈夫，因為他的出軌只是肉體的，而不是精神和靈魂的；她可以指責第三者以性愛為手段誘惑她的丈夫，從而把怒氣從丈夫身上移離；她可以為丈夫而戰，而這將使他的自我感膨脹。

當婚外情的主要內涵不是性，人們卻將其定義為主要是性關係時，男人就被賦予了文化上正當的出軌理由，因為他們有生理「需要」，以及無情的女人藉此「捕獵」他們，所以他們不是失敗的丈夫，只是被操控了的性腺。

性的社會化過程

雖然文化刻板印象可以把男人的出軌正當化，但是並未為這種現象提供解釋。社會文化竭力替男人背叛婚姻找合理化藉口，卻未提供任何文化上的理由解釋單身女人的越界行為，揭示了看待男女性行為的標準嚴重分裂。我們要審視這些標準以及性的社會化過程，才能懂得「性」是如何進入婚外情關係，又在這些關係中扮演了什麼角色。

在我們的社會裡，性和其他行為有著明顯不同，因為在性的領域，道德約束是與有意識或無意識的幻想交織在一起的。一方面，性接觸所激發的愉悅感官刺激，很難被當作「道德上的錯事」來驅散；另一方面，一個人真實的性經歷可能比不上幻想中的性。

性的社會化過程，從一個人小時候就開始了：在搖籃裡，嬰兒探索自己身體的行為被遏制；到了玩耍場地上，蹣跚學步的孩子探索彼此身體的行為，繼續被斥責。因此，許多大人感到「性」是個壞東西，這種感覺是深深嵌入的，也是原始的。人們對於「性」矛盾而深刻的感受，被帶入了成人的性關係中，並帶來一些個人風險：你的幻想可能無法實現，可能會被拒絕，可能會失望，可能被懲罰，比如被發現、懷孕、受虐、遭到羞辱等。

今日的風險類型比過去更多元，因為行為標準變得更不一致，管制性行為的舊規則是壓抑的，新的規則卻是允許。讀懂對方不容易，要讀懂自己也難，而要弄清楚對方是否依你想要的方式瞭解你，就更困難了。否則，我們如何解釋那麼多電影、小說、歌曲、詩詞及肥皂劇，都鍾愛描繪「她／他想要我，還是不想要我」的場景呢？

如果可接受的性行為標準是模糊不清的，那麼，文化不認可的私通行為（比如出軌）幾乎可比昏昧沼澤，文化的含糊和個人的矛盾暗中滋長，一起糾葛著浮上表面。每當人們思及性方面的不倫，就會萌生許多猶豫與搖擺，因為這些關係所帶來的個人風險，比受允許的性關係大多了。一個人可能因此失去的東西太多：別人或許會給你貼上「脫離常軌」的標籤，跟別人說你變態、不要臉，或取笑你。或者，你可能會失去工作、伴侶，甚至身敗名裂。

為出軌的性關係去汙名化的一種方法是，替這種關係的其他方面都正名。比如：既然「追求」仍是正常、普通的異性戀主要特徵，那麼已婚男人直接而持續地提出性要求，只是在做一個正常男人做的事，而不是色情狂或出軌者。即使女人抗拒，他也可以把她願意繼續見面解釋為「好的，總有一天我會答應」，因為那才是她的行為的「正常」涵義。他可以繼續他那一套，而不用承擔後果。

●我和他在一起六個月之後，才發生了關係。我曾經抗拒這麼做，但終究屈服了，也就是說我終於累了，就這麼發生了。他在旅館裡一直沒完沒了，所以我最後屈服了。

●那個週末，他真是和我挑明了說他想跟我上床。我們在沙灘上散步的時候，他提出了要求，那是他在那個週末第八十五次提出了。

儘管社會在「性」的規則上改變了很多，更傾向於發起性行為的還是男人，今日的女人並享有更多的性自主，不過，若一個女人積極地不斷向男人提出性要求，仍不被視為正常的事。諷刺的是，由於男人對「莽撞急進」的女人的抗拒，即使女人對性的態度再怎麼開放，可能還是需要翻出那些較保守的舊式勾引手法。如果單身女人想要和一個不怎麼情願的已婚男人發生關係，可能需要提供他一個具有性暗示和性機會的情境。

他五十七歲，是個非常可愛的人。我們不常見面。我們就兩人的關係，信件往返談判了約九個月，他實在不擅長談這個。當他來我住的城市找我時，我準備好了一切。我提議了吃晚餐的地點，那是個很浪漫的地方，晚餐後，我說，我們去我家待一會兒吧。我把一切都安排好了。我沒有逼他，但我做好了安排。那時，他並不曉得接下來會發生什麼事。

根據對性的傳統看法：是男人就堅持地要求，是女人就用誘惑手段，這樣容易把一段關係轉化為性關係。然而，傳統的社交手法也有相同效果，僅靠遵守男女互動的制式規範，就能把性關係的發生變得可能。因為這些規範賦予男人力量，若他們想要，就能把一段柏拉圖式的關係轉化為包含了性愛的關係。比如說，男人有權侵入女人的私人空間，可以打電話給她，可以不請自來登門造訪，可以觸摸她的身體。而女人如果接受了男人的這些表示，就等於是「自找的」。

●他一直約我出去喝酒，約了好一段時間。這次，我決定「去就去吧」。我記得他摸我的手、環抱著我、握我的手之類的，當這種事開始的時候，你要麼掙脫，要麼就是「做就做吧」。

●教練的腿滿好看的。健身房所有女孩們都在追他。一開始是他打電話給我，要跟我談談我的健身計畫，最後，他說想和我共享一瓶雪利酒。於是他跑到我家，開了酒，接著，脫了褲子……事情就是這樣開始的。他穿著小小的泳褲，一件事觸發另一件事，然後糊裡糊塗地，我們就在床上了。我這才明白，他真的是對我有興趣。我對他、對我們之間的整個看法都改變了。我曾經想，他超有魅力的，怎麼可能看上我。

這位教練不僅利用了男人主動打電話和登門拜訪的特權，還使上經典的一招：讓酒精來催化。女人認為自己不夠有魅力，不能與其他追求教練的女性們競爭，直到兩人發生關係，女人才恍然大悟，原來他認為她有吸引力，而且本來就打算要和她上床。

友誼與性

女人把男人看作到手的獵物，有助於男人把柏拉圖式的關係轉化為性關係，因為得到男人的關注，她會有受恭維的感覺。在社會化過程中，女性被賦予了取悅他人的任務，學會相信「若她在『有本事就抓住他』的火辣遊戲中，擊敗了別的女人，她就是有價值的」。縱使社會有了新的變化，但兩性之間仍循此規則在互動，而這些規則是對男人有利的。

儘管女人可以奮力掙脫這些規則，但是不可能成功，因為無論異性交往是否涉及性愛，對男人有利的觀念仍根深柢固，無所不在，而且沒有人會認為是讓男人占了便宜。比如：男人占女人便宜的主要手段之一，就是透過「寬以待己」的友誼定義。

女性對友誼的定義，不僅如前文所說的那樣比較親密，連結更強，也讓自己在兩性關係中淪為弱勢，因為身為朋友，她要求自己隨和可親，有同理心，善於包容。男人則把友誼當成哥兒們的關係，湊在一起找樂子。這樣的定義，使女人為了友誼的需求而自我犧牲，也使她在面對朋友時，情感上更脆弱。而差別最大的是，男人把「異性友誼」與性和愛分開。單身女人常將自己與已婚男人之間定義為友誼。的確，就算是指導關係和同事關係，也常與友誼的感覺有交集。

正因為對於很多女人來說，「友誼」是性的必要序幕，因此最後性關係隨之發生，也就不足為奇了。

我們就是從朋友變成了情人，事情就是這麼發生的。當我回頭看的時候，發現自己居然曾以為我們只是朋友，我想我是在開自己的玩笑吧。我很明顯是從一開始就被他吸引了。我幹麼要和一個對我一點吸引力都沒有的已婚男人出去呢？我們之間顯然有什麼。我願意為了他冒險展開友誼，因為我喜歡他，我覺得自己可以讓一切都保持在掌握中。我到現在還是驚歎他可以堅持只當朋友那麼久，那段期間，我們完全沒有提到性愛的事。

在性愛問題上，文化的模糊觀點與個人的矛盾心態，可能導致對男女關係的誤讀，而支持男人特權的規則，給了男人權利去發起、升級和轉化兩性關係，以友誼為前戲，讓女人為性關係做好準備。就跟在婚姻裡一樣，兩人之間一旦有了性愛，通常就會貫穿這整段關係，無論女方對性生活是否滿意。「男人一旦和一個女人睡過一次，就一直擁有碰她的權利」，這種古老規則和法律慣例還沒有消失，即使是婚外情也一樣⑨。

正如有些妻子，對於某些第三者而言，「性」是她們在男女關係中，重視且感到滿足的部分。

我們的性生活超美妙的。我們可以每週相會一、兩次，花三、四個小時用各種方式做，真是棒極了，所以每週一、兩次真的是夠了，再多的話，我們真會受不了。

但也正如有些妻子一樣，對於一些第三者來說，缺乏親密情感的「性」無法帶來身體上的滿足感。

●我們是遠距戀愛，所以總像出門來個兩週長的私會。我們的性生活一點都不悶，也不會老套，因為我們根本沒有時間去覺得厭倦。的確，我們的性生活充滿激情，但是，中間缺少了情感的親密，所以那終究不算美好。

⑨這樣的規則亦體現於法律程序中，比如：丈夫不可能性侵妻子，性工作者不可能被性侵，女人和一個男人睡過一次，就不可能再被他性侵。經過長久時間，這些觀念才成功地在司法體制中逆轉，美國某些州已修法。

●我們滿親密的，但是我們應該才上過三次床。他老喜歡提上床的事，自以為很厲害。我去找他之前得先用按摩棒，因為我很清楚他那方面太差了。

身為妻子，對自己的性生活會有不同的評價，第三者也是如此。和上一代的人不同的是，現在的女人可以獲得性方面的知識來作為評斷基礎。有許多女人不只和一個男人睡過，她們有性經驗，也有性方面的期望值，可以用這些作為基準，與當前的性生活比較。關於女人的高潮可能及性幻想的研究內容廣泛可得，女人之間也可以互相聊性，分享知識。

然而，即使有了知識、期望值與經驗，仍未改變的是，女人顯然還是願意接受一段不滿意的性關係。

傳統的妻子藉由在性方面順從，可以得到很多好處。但是，現在的單身女人為什麼要接受一段並不滿意的婚外性關係呢？部分原因在於前面講過的人口統計問題：許多女人認為「有個男人總比沒有強」。還有一部分原因在於，女人接受了「性對女人來說不重要」的洗腦。

不過，為了更直接地回答這個問題，同時更清楚單身女人的性生活，我們可以提出不同的問題：與已婚男人發生關係，能達到什麼目的？為什麼要和有家室的人上床？

從性壓抑到重新定義自我

比起和單身男人上床，與已婚者發生關係更能使單身女人自由、自主地，探索自己的性需求，重新定義自己的性愛。雖然現代女性聲稱有權利決定自己的性需求，但身為女人經常會發現，一段重點在於發展未來的戀情，會破壞女人的性自由與對於自我的性探索。然而，在婚外情中，由於這段關係游離於傳統束縛之外，女人可以試驗及實踐自己對於性愛的新定義，這給了女人時間和自由，得以重新定義自我。

性壓抑是女性經過社會化、被社會控制過程中的主要部分。處女和蕩婦、聖母瑪利亞與夏娃的形象充斥於文化中，告訴女性：男人可能會和「蕩婦」睡覺，但是他們會找「好女人」當老婆。這種警示故事到處都是，卻幾乎沒有「女人可以找渣男當情人，但找老公時喜歡正直男人」的說法，而從一些電影來看，這種選擇方式在女性意識中的共鳴，比人們對此的討論聲音大。擁有一段被社會認為是脫離常軌的關係，是女人跳脫性壓抑的一種途徑。

女人和別人的丈夫發生性關係，就是違反了道德、宗教與社會的限制，成了通姦者。一旦違反了社會及宗教的傳統，便有了突破其他性方面規範限制的可能，而且，由於和已婚者發生關係並沒有一定的準則，她可以從過往的生活中抽離出來。

那種感覺太棒了。我第一次從家中的僵硬和刻板掙脫出來。他撫摸我，抱我，摟住我，給我前戲，他讓我覺得我可以當個女人。以前我也不是不敢做瘋狂或古怪的事情，但我不敢做在我信仰新教規範的家庭中，避而不談的那些事。我現在才知道，我可以穿性感睡衣，可以變得性感，我還可以在性方面主動，這些是我從未想過自己能做到的。

對於這個女人以及其他處境類似的女性來說，在她們過去的性史中，從未擁有過「放開自我」的可能。與已婚者的情人關係可以帶來這種機會，因為這種關係是從家庭和社群抽離出來的，也不涉及婚姻，心理素質夠強的女人可以為此自我感覺良好。

對於女人的性壓抑歷史悠久，壓抑的形式也很多樣，其中一種形式是女人透過增胖、穿不合身的衣服或駝背等方式，自願變得中性，彷彿認為把自己弄得沒有性吸引力，她們關於性的煩惱就消失了。有個超重的女人，母親告訴她就算對她的治療師來說，她也是醜陋、沒人要、不可愛又無趣的，然而，一段婚外情幫助她克服了對於性的恐懼。

我的體重問題是我用來抗拒性愛的方式。我一輩子都超重，我一直對自己在性方面有強烈的不安全感。對我來說，食物在一定程度上是性的替代品，而且我的體重把我排除在戀愛市場之外，或者說，讓我相信自己被排除了。但我的體重對他來說沒關係。我發現我跟他可以放得開，因為我知道這段關係反正沒有未來。

幾乎所有女人都經歷過性壓抑。有些被壓抑得很厲害的女人，若要享有活躍的性生活，就必須經過與自身背景的激進決裂。有位女老師，母親告訴她，性是邪惡、可恥的，任何關於性的享受都應該受到懲罰。她的前夫曾因詢問什麼叫「純潔受孕」（傳說中聖母瑪利亞的受孕方式），而被母親用肥皂洗嘴巴，並把他關進地下室。這位女老師隨身帶著已婚情人完全勃起狀態的全身裸照，他是個藍領黑人，是她學生的叔父。

他是至今我唯一有辦法親密接觸的男人。他一硬就硬一整夜，都在他掌控之中，他很性感，很行。尤其神奇的是，跟他在一起，我不需要背著自己成長背景和婚姻的包袱。我跟我前夫從來沒有高潮，他對性的主張是做得愈少愈好，時間愈短愈好，從第一個吻到結束一共五分鐘，也許一個月一次。而和這個已婚情人，我一夜可以高潮六次，他親我，我就高潮了。

這個女人的性愛原本是幾乎全被抹殺的。對她來說，情人的種族、職業、學生的叔父及已婚男人身分，這些多重禁忌讓她突破了自己。在這方面，她和許多女人是一樣的，藉著與一個「不適當」的男人上床，吃下禁果，可以體驗與性有關的那部分自我。被視為禁忌的，原本便是撩撥我們性欲的，所以一段禁忌的邂逅才會讓我們產生性興奮。

與已婚男人發生關係給了女人一些機會，逃脫舊的性專制。她們可以感受到更大的自由，因為跟這樣的男人在一起，是把所謂的規範撇到一旁，沒有未來得結婚的目的，沒有一般戀愛關係中的期待，她們可以給自己時間和空間去消除性方面的壓抑。消滅了自己的禁忌之後，她們開始感覺在性方面有了力量，不再是被動的受害者或物品，因而提升了自尊心，也提高了自我價值感，對於性擁有了權力。

除了面對過去的壓迫，與已婚男人發生關係，也讓女人能夠因應新的性放任風氣，亦即允許自己暫時當個禁欲者。由於情人已婚，她可以合情合理地「說不」，關於「為什麼不答應和你上床」，不需要做太多解釋，「但是你已婚」這個理由就足夠了。她可能只是想要柔情，而非性。

有個女人就是在經歷了痛苦的離婚之後，需要療傷，同時也正企圖開創事業，由於她一直以來都「聽從身體對性的需求」，因此「浪費了時間，也迷失了自我」，所以她主動迎來了一段，與已婚男人「最低限度性愛」的異地戀。

對現今的許多女人來說，發生性關係會帶來問題。雖然她們認為自己應該可以把性與更強烈的情感分離，但她們做不到。很多女人發現，一旦性被帶入了戀情中，自己的身分認同和獨立性就會遭到威脅，若她們沒有經驗或方法來抗拒這個社會化過程，便會失控，不僅失去對自己身體的掌控，也會喪失對生活其他方面的掌控，這是因為她們會改變自己，去適應男人的需要和喜好。

●對我來說，「性」與「愛」要分開很難，如果我和一個男人發生關係，最後就會愛上他。身體上的事情我不懂，但我不認為男人會這樣。當時我並不想談戀愛，可是想要一個男人來關注我，他有太太，我就可以把性事推掉。

●我發現自己只要跟一個男人上了床，就會順著他的想法，去思考「我應該是什麼樣的人」、「我應該怎麼做」，這種順從除了性，也包含各方面。我需要遠離性愛一段時間去給自己定位，搞清楚自己想要如何過日子，而不是讓男人來決定什麼對我有好處。但我並不是就此不碰感情了。他懂我，沒有給我壓力。

在舊時代，社會對單身女性的期望是守貞與禁欲。但是，更早以前的單身女人並未被要求禁欲，也不會因為單身男人的性要求傲慢、蠻橫，而把他們排除在感情生活之外。

而如今，禁欲是一種與性解放理念對立的自選生活方式，戀愛中的女人必須為「不上床」做出解釋。儘管新的女性「性自主」概念應該包括「不要性」的權利，但在單身女性看來，單身男人並不尊重這種權利。

單身的男人認為他們對你那麼好，跟你出去約會了，你就欠他們上床。噁心。因為社會上有所謂「男人太少」的說法之類的，所以單身男人認為他們跟你戀愛，就已經對你太好了，這是他們最惡劣的地方。

與已婚男人的戀愛，允許異性戀女性從兩個看似矛盾的方向，探索自己對性的看法：若她們過去對性是壓抑的，這讓她們變得能接受性；但這種關係也讓她們能夠表示拒絕，不需要別人的支持。

「答應」與「拒絕」的權利，都使女人有機會定義及掌控自己的性愛，從男人手裡拿回定義自己的權利。

有了探索自己性向的空間

這樣的兩性關係，也給了女人探索自己性向的空間。

有一個不確定自己性取向的女人，她擁有同性伴侶，但發現和已婚男人的性關係，不像與單身男人的性關係那樣威脅到她的同性愛人。同性愛人對她和「他」的關係不當一回事，而且認為只是暫時的。

另一個不確定自己是不是同志的女人說：

他已婚，所以我不需要常常跟他睡，但跟他睡還是很重要的，因為這是我向自己隱瞞我是個拉拉的方式，我可以對自己說，我還是在跟男人睡。他從不能跟我過夜，這點我很高興，因為我不想經歷男人早上「升旗」那回事。單身男人太容易認為我是屬於他們的，比如既然和我睡了一次，以後就有權利隨時跟我睡，而我不能拒絕。

她確實享受在這段男女關係中的觸摸和愛撫，但插入式性行為令她太不愉快了，而且社會期望異性戀女人去過的那種生活，也太令她厭惡，所以她以拉拉的身分出櫃了。

和已婚男人的關係，讓她得以自己的步伐來做自我探索，而且把她在異性戀身分上的心理掙扎最小化。單身男人沒有給她這個選項。

對於知道自己是同志但沒有出櫃的女人而言，與已婚男人的關係提供了掩護。

對於拉拉來說，已婚男人很不錯，因為你不需要跟他們「做」太多。當你需要和男人在一起，或者說，當你需要同事們相信你是跟男人在一起時，可以用上他們。男同志也有過這種用途，但如今，哪個男人是同志的事情有太多人知道了。別的城市的已婚男人最棒了。

拉拉們發現，與已婚男人在一起，要限制上床次數比和單身男人在一起時容易，她們可以利用這種男女關係來發現自己的性取向，也可以加以隱瞞。

對於拉拉和異性戀女人來說，同樣上了床，已婚男人的要求比單身男人低，對她們的潛在壓迫也更小，這是因為在婚外情裡，她們可以主張在一般的兩性關係中往往放棄的那些權利：要求性自主；在要求禁欲權的同時，不受到嘲弄；也有權完全退出異性戀狀態。

女人在一般的戀愛裡是得不到這些權利的，因為一般戀愛關係的另一端，牽繫著更廣泛、更根深柢固的家庭與社群的期待。

經濟的交換

與已婚男人的性關係，不僅給了單身女人時間和機會尋找性方面的自我，還有一個更傳統的用途，就是用來交換經濟回報。過去那些偶爾出現的職業情婦，如今已被大批需要金錢的普通女性所取代，她們要重返校園讀書，或是離了婚，需要撫養小孩，以及做著低薪的工作。和小說裡那些情婦不一樣的是，大部分真正的第三者原本並沒有以性換錢的計畫。

有一個離了婚的女人即將赴外地讀研究所。原本她和一個已婚男人有段柏拉圖感情，她述說他是如何變成了自己的「乾爹」：

他把我帶到他家，房子很大，看起來像殯儀館，很醜，他說他想讓我看看他住的地方。他給了我一張五百美元的支票，要幫我支付上學的費用，我把支票還給他，說：「不，我不需要這筆錢。」

後來，我們上了幾次非常貴的餐廳。我跟他說得很清楚，我不想有性方面的糾葛，尤其是在他想給我錢之後。我不打算靠上床賺錢。他不斷在講那不是他的初衷，他只是想幫幫我。他堅持說，他給這筆錢是不帶任何附加條件的。最後，我接受了那張支票。

在她開始讀研究所之後，他每個月寄去一、兩百美元，替她買了些家具，並且幫她還清了三千五百美元的車貸，還經常去看她。

我和他在飯店裡，我想是週末吧，他拿出了一千美元要給我買地毯，我終於答應了跟他上床。我從不覺得和他的性關係是享受。我總有負罪感，因為他當時正給我金援。我有點覺得，有種性交易的感覺，因為我和他發生關係來換取金錢資助。

我不後悔那樣做過。有過一個「乾爹」的整個經歷讓我看見另一個世界，對我也是一種學習過程。我能夠不給什麼回報就接受物質上的東西了，跟單身男人，我就做不到這點。那段時期，經濟上的支援很豐厚，對我很有幫助。

有的單身女人並非刻意涉入金錢往來，但另有一些是專門找手頭寬裕的已婚男人，來提供她們自己買不起的好東西，比如前文提過的中年舞蹈老師，她靠已婚的「男友們」請她吃飯，帶她去旅遊，為她買她家裡需要的東西做禮物，以這種方式來彌補自己微薄的收入。她抱有「男人應該在經濟上供養女人」的傳統心態，所以對男人的期待就是要為她花錢。

不管是研究生、舞蹈老師，或是其他情況相似的第三者，雖然以性利益交換了經濟利益，但不是性交易。事實上，她們和許多女朋友、妻子們的差別不大。

研究生與舞蹈老師的收入少，依賴男人提供的經濟收益。單身女性經常處於貧困中或者瀕臨貧困線，因此，已婚男人作為經濟供養者的身分不會終止。與已婚男人維持性關係，成為她們在經濟上不可或缺的生存策略。由於兩性之間的經濟平等在未來仍不大可能實現，部分單身女性將持續依賴已婚男人，在經濟上供應她們自己無法賺得的部分。

性和愛，分得開嗎？

在大部分單身女人眼中，性不是和已婚男人在一起的主要原因，她們也不認為那是男人的主要動機。雖然兩人之間的性生活可能不怎麼樣，甚至很糟，不過，與已婚男人的性關係還是附帶了一些好處，讓她們能夠依自己的需求，探索自己的性欲，解決性壓迫的問題，或者限制發生關係的頻率，這也給了她們機會探索自己的性向，並且，可以用性來交換經濟利益。

儘管這種性關係有附帶的用途，但是對於女人來說，性，還是包含了許多文化上的意涵，使她們對這段感情愈來愈投入。

雖然人們可以把「性」與「感情」分開來談，彷彿這是兩回事，但是大部分女人的經驗並非如此，對於她們來說，把兩人之間當作只有性愛很難，因為許多女人都相信：「如果你們是朋友，然後你們發生了關係，那麼你絕對是感覺到愛情了。」或者：「假如性生活是美好的，那絕對就是有愛。」

有許多這樣的女人，就算相信一切在自己的掌握中，也會不知不覺地在愛情的懸崖邊搖搖欲墜，有的人會摔下去，摔得很重。

第四章 這是愛嗎？

以愛之名

啊，愛情！我們說，愛情的到來像天空中的閃電，就那麼發生了。有如流感般襲來，讓人虛弱、失控，不再像自己。然而事實上，愛情不是偶然發生的。

雖然對每個人來說，愛情的感覺私密又獨特，但是被我們貼上了「愛情」標籤的那些情感，卻是在社會中產生，由社會所規範，在社會中學習到的，甚至我們不情願地揭開愛情的神祕面紗，也是社會所造成。把愛情想成是我們無法控制的事情，可以替我們平常不會寬恕的行為找到合理化藉口，任自己讓愛的激流捲走。

在中世紀，狡猾的人們出售愛情的魔藥、春藥和吉祥物，用以激發不合法的愛情，比如命中注定不該發生的愛，階級與家庭關係所不允許的愛。散布這些魔藥的人會被判處死刑，這說明賢哲和先人們是多麼相信愛情的重要性，同時，也多麼容易受魔法控制。

如果那些激發男人與女人之間「非法」愛情的因素，今日全被消滅了，我們現代生活的狀態本身也就要解體了。現代生活就是那魔藥及春藥。我們這個世界的結構決定了，單身女人常常不自覺地與已婚男人墜入情網。

對於前幾代的女性來說，除了結婚，沒什麼選擇，所以和一個可以充當經濟提供者的盡職丈夫及好爸爸的對象相愛，是有吸引力的。一個女人和什麼樣的男人相愛，受經濟依賴情況的左右極大。對於現今的女人來說，儘管經濟依賴是選擇婚姻時的重要影響因素，但墜入愛河有了新的涵義。愛情與「自由地做自己」有關，與感情上的親密有關，與自我感覺良好有關，也與歸屬於對方的感覺有關。愛情就是自由和安全，獨立而親近。我們可以看出，這些感情在與已婚男人的關係中是容易產生的。

單身女人把自己的已婚情人描述為：「理想的」，「每個女人的夢」，「有愛心又令人興奮」，「和我以前認識的男人都不一樣」。即使是後來吃了苦頭的女人也認為自己的情人「很特別」，「獨一無二」。她們像希臘時代的唱詩團一樣，一遍一遍地歌頌著已婚情人的超凡美德：

●他是所有女人夢寐以求的男人。

●無論男女，每個人都很喜歡他。把他和別的男人相比是不公平的，因為永遠不會有人像他一樣。

●他是個有創造力的天才。

她們也一遍一遍地誇讚這段愛情的美妙：

●我深深愛上了他，我從來沒有和別人如此相愛過，我想我以後也不會這樣愛上任何人了。

●我完全被愛情淹沒了。愛令我暈眩。在此之前，我只有一次承認過愛上了人。

●他教會了我如何去愛。跟他的愛情是最完美的。

儘管我們多半不會把這些對情人和愛情的讚揚當真，而僅會視為純粹的浪漫，或者找藉口將其合理化，但這些說法是如此普遍，就算是情感疏離的女人也會表現出來，所以我們不能去否認或小看。她們不僅覺得情人「人好」、「風趣」、「會玩」，其中還有不少人真的墜入情網。

愛情的萌生

女人在這種關係中墜入愛河的原因之一，是受到一些舊式愛情觀影響，其中一種看法就是：幾乎不可避免地，愛情會從友誼中自然萌生：

● 我告訴過他，我不會和他上床，他愛要不要。我拖著他，拖了很久，就為了看看他是不是真的在乎我這個人。時間給了我一種安全感，他真的是因為喜歡我，我不只是他的另一段豔遇而已。最後，當我發現自己是真的在乎他時，要想不去愛他，已經太遲了。

● 他是第一個我先當作朋友交往，後來才有關係的男人。我們一開始只是朋友，只有好朋友之間的那種親近。我想，那份親近就這麼發展成愛情了。

女人在兩性關係中的「被動」與「屈從」特徵，在這種出軌關係中，仍然延續。如果他表現得像個朋友，不要求上床，以此證明自己確實在意她，最後她將情不自禁地變得真的在乎他。

同樣地，對許多女人來說，「性」仍然是與愛情連結在一起的，所以性關係如果感覺起來像是靈與肉的融合，她們就很容易認為自己墜入情網。

我從小就相信性和愛是連結在一起的。那天晚上，我們上床以後，我就知道我愛上他了。

跟我睡過的其他男人都是大男人主義，但他那麼關心我。以前我並不曉得性還可以是這樣的。我想我們一定是相愛了，否則我們之間的性怎會如此特別？

另一些浪漫觀更傳統的女人則可以明確指出，在她們眼裡，兩人的關係是在哪個具體時間、哪個特定的場合下深化，並轉變為愛情的。

在我生日前一天的那個星期五，我察覺到自己真的很在乎他。他帶我出去玩，因為我就要滿三十三歲了，他想帶我去三十三家低級夜總會和酒吧，開開心心地玩。他挺瘋狂的。在那晚之前，我一直把他看作一個嚴肅的生意人。我們玩得開心極了。他買了一件T恤給我，上面印著：「在辛辛那提有個人愛著你」。我望著他問：「你愛我嗎？」那是個重要的轉捩點，我看到了他的另一面。

有愈來愈多被男人傷害過的女性（包括曾被前夫所傷的女人），以及已經懂得保護自己不被親密情感所傷的女人，從已婚情人身上獲得了前所未有的關注，因而踏進了愛情的競逐場，幾乎卸下心防。

●在我的生命中，向來沒有什麼人在意我。我一輩子都會記得，這個男人走進了我的生活，真的很關心我。我整個生命裡，從來沒有人像他那麼在乎我。

●他對待我像對女王，送給我十二朵玫瑰。從沒有人這樣欣賞過我，一個也沒有，就連我父母在我的畢業典禮上也沒給我這樣的感受。

與這些因為受過傷，而不願意與男人發展親近情感關係的女人相比，還有另一群女性，她們需要和男人保持距離是因為有別的計畫，比如：完成學業，建立事業。職業婦女很少能遇見真心接受她們，同時也接納她們把事業放在優先地位的男人。如果有人能做到，在她的眼裡便身價提升，儘管他已婚：

●他明白我需要做好我的研究工作。他不是我生命中又一個絆腳石，而是成為我真正的幫手。對我的事業心，他很支持，明白工作對我來說多重要。

●對於我這種喜歡獨立，想要掌控自己生活的人來說，他特別合適。他很有吸引力。我沒想到自己會在乎他，但是現在，我想我真的愛上他了。我自己也嚇了一跳，但感覺挺不錯的。我原本沒打算愛上他的。

這裡的每一個個案都是有道理的。女人確實會隨著友誼的感覺墜入愛河，將性與愛糾結在一起，會愛上愛自己的男人，以及對自己好、尊重自己的男人。而且，女人會從對方的眼睛裡，辨識出「愛情」。

然而，女人也和許多自己不會愛上的男性交朋友，跟自己不會愛上的男人上床，從自己不會愛上的男人那裡得到好處。男人對鐵石心腸的女人付出了愛卻得不到回報的故事，成了人們傳唱的悲歌。

那麼，為什麼有那麼多單身女性，無論多篤定自己不會愛上結了婚的對象，還有保護自己不愛上已婚男人的條件，卻還是與「他」陷入了感情漩渦呢？

已婚狀態成了催化劑

人們要問：男人的「已婚狀態」本身，對於單身女人的愛情不是有絕緣作用嗎？為什麼植根於男人婚姻狀態中的那些限制，不但隔絕不了女性對他們的愛意，反而促使女人去愛他們？為什麼那些對親密關係戒心很高的女人，卻與有婦之夫產生了感情糾葛？

原因就在於，男人的婚姻狀態反而造就了與情人之間的「二人世界」，而且把它變成了一個祕密天地，不僅這個世界的存在是隱蔽的，情人間也會相互透露隱私，創造一段私密共享的空間。二人世界被私密所包圍，也充斥著祕密。

我們沒必要以神祕學來解釋兩人為何墜入愛河，這種愛建立起來的條件：祕密、隱私及相處時間的限制，就足夠催情，並解釋這段情為什麼會發生了。

德國社會學家齊美爾（Georg Simmel）在八十年前寫到，祕密「對事實的隱藏」，是人類的一個主要成就，因為它「讓世界可以無盡地擴大」，使得創造一個「與現實世界並列的第二世界」有了可能性。這個世界可以一直作為祕密居民們的私人島嶼，當作完全屬於他們自己的夢幻島。

「她」與「他」之間的關係，便創造出這樣一座祕密島嶼，提供一個無限的機會，來營造「第二世界」，掩藏現實。在這個祕密天地裡，信任可以暫時中止、擱置，幻想可以付諸實現，謊話可以說，欺騙可以進行。最重要的是，這個世界的存在，是對許多其他重要的人保密的：她的家庭、她的同事，他的妻子和家人……有一些人是不能知道這件事的，他們必須對某些人保密。

雖然與有婦之夫在一起的女人可接受這種關係，但她也很明白，文化上的汙名仍在。若她正努力開創事業，可能被指責為是「一路睡上去的」；若她是個女性主義者，便知道朋友們會質疑她的立場；若她是單親媽媽，會害怕自己身為「惡名昭彰的情婦」身分，將給孩子帶來不良影響。極少有女人可以說「不管被誰知道了，我真的都無所謂」，就算她們自認為是無所謂的也不能隨便說。

在平常的世界裡，也就是那個主要世界裡，「雙重標準」仍然處於主導地位：同樣的行為，是男人做的或女人做的，收到的反應不同。

儘管男人是出軌的那一方，第三者還是會被貼上這些標籤：「偷別人丈夫的女人」，「破壞別人家庭的女人」，或者「靠出賣身體，來換取事業利益的女人」。儘管女性的自我意識提升了，但能夠跳脫這種文化信念的女人仍然極少，而能夠跳脫由此形成的社會觀感的女性，就更少了，確實有人因為當第三者而被解雇、在職場被冷凍，或者被「曝光」在媒體上。

男人的已婚狀態，為「第二世界」架了一個隱藏事實的舞台，使這種情人關係變得隱祕，並且受限於時間。

典型的情況下，情侶是單獨在一起共度時光，聊天、玩樂、彼此陪伴、吃飯與飲酒等，由於籌劃一次會面需花費時間和心力，所以只要見面，似乎就表示兩人是在乎對方的。「她」與「他」的約會則與一般的情侶不同。一般情侶在一起的時間，大部分都是社交性的，有旁人在場，會去看電影或參加聚會，而「她」與「他」在一起的時間，大部分是私密的。這種隱蔽意味著，為了維持他們關係的活動大部分是私下進行。兩人在一起的時候，談論的是他們自己、他們的關係，而不是電影、聚會或者其他人。

當這對情人在建立他們不太受社會限制與文化定義影響的「二人世界」時，外面世界的那些規矩、角色設定，以及對人的期待、責任等，都可以不去理會。約會對象應該是怎樣的，身為丈夫應該怎麼表現，夫妻應該如何互動，這些都可以放在一邊。普通情侶間沉重的討價還價與加溫的期待，在外遇情人之間可以先擱置。對別人的戀情感興趣，通常會對他人的愛情做出評價的人們，比如家人和朋友，對這段婚外情是完全不知情的，於是只能保持沉默，無法置喙。

由於「她」與「他」之間的關係不受文化所規範，同時也幾乎不會受到其他人的關心，因此，這對情人可以不受影響地單獨在一起，建立兩人之間的關係、範圍與關注點。

●一開始，我覺得自己是在實驗和我通常不會選擇的人在一起會怎麼樣。我感到了自由。

●我們對彼此沒有任何期待，我們沒必要利用對方，兩人的關係也沒必要有什麼目的。我們可以只是「為了在一起」而在一起，既是朋友，又像是愛人。

兩人知道，在一起的時間受限於男人的婚姻、家庭等主要責任，而且祕密約會需要籌劃，所以他們在約會當中，對彼此的期待很高，將共度的時光視為「特別的」、「值得的」和「重要的」。

●我們之間有一種我和別的男人交往時從未有過的純粹，我想是因為我們沒有太多時間在一起，從不把時間浪費在爭吵、辯論，或是擔憂這段關係上，也不會浪費時間討論我們這樣到底算什麼。我們只是享受彼此，就好像幻想中的浪漫愛情，對彼此都沒什麼要求。我們也懂得這種關係是有限制的。這是一種非常單純而不落俗套的關係。

●我不認為我們是刻意那麼做的，但我們確實讓時間暫停了，使我們的關係就停留在特別浪漫的階段。我們不會受每天的家庭氣氛影響而對彼此提出各種要求，使這段戀情變得不愉快或俗氣。從來都不會，我們的戀情一直都在「保鮮」中。

兩人都認為共度的時光是美好的，就算有小小的不愉快也可以忽略，因為相處時間畢竟有限，沒有必要去把這些不愉快放大。而且，女人還是認為與情人在一起是安全的，因為她相信和他之間只是暫時的一段，而暫時的關係被認為相對無風險。

在過去，暫時的偷情是危險的，因為那讓女性在婚姻市場上作為妻子的價值降低了，而且女人要冒比現在大得多的懷孕風險。但現在不是這樣。如今，過渡性質的男女關係普遍多了。

現今常見的一種論調是：在結婚或再婚之前，先試驗一下，比被鎖在令人失望、具有毀滅性的婚姻關係裡強。女人把與已婚男人的關係歸於這一類試驗性質的暫時關係，因為它在時間上是定格的，不會發展得太長遠，是一個可以冒險嘗試新做法的安全地帶。

● 我知道這只是短期的，我並不打算長久維持這段關係，所以我覺得身在其中是安全的。

● 從一開始，我就曉得這段關係會結束。

● 我願意冒個險進入關係。我沒必要一直壓抑自己，因為放開自己沒什麼風險，反正這段關係也不會發展得多長久。我在這段關係裡可以忘掉自己的理性，我已經理智太久了。

祕密的分享

空間與時間都是由男人的已婚狀態控制的。「隱私性」與「現實的限制」，成為建構這段關係的雙重支柱。「隱私性」，讓兩人可以半自主地定義這段關係應該是什麼樣的，「時間限制」則使彼此珍惜在一起的時間，也令他們感覺到情感上的安全，因為「既然費心思、擠出時間來安排約會，對方必定是在乎我的」。男人的婚姻狀態直接成為讓女人出乎意料地在乎他，甚至愛上他的舞台，再加上必要的推力——兩人是單獨相處的。

這樣的男女關係不僅被機密性包圍著，也充斥著祕密。在我們的社會裡，「祕密」被視為我們所擁有、保存或者贈予的禮物，一旦把自己的祕密告訴別人，就等於邀請對方和自己發展親密關係，同時也願意承擔被背叛的風險。如果不分享祕密，將使兩人的關係變得小心翼翼，同時也是把自己孤立起來。由於兩人之間是私密的，被認為是暫時的關係，是安全的，所以彼此有充分的機會自我揭露。的確，單身女人與已婚男人以分享祕密為基礎，建立了親密情感，這是被他們所處的具體情境誘導出來的。

在第三者定義為「深刻而完全親密」的這段關係中，親近感將隨著男人講述自己的生活而增加。他表露出自己的恐懼和焦慮，嘗試與失敗，希望及夢想，女人則傾聽，並提供建議、表示同情，或者提出見解，問題可能與男人的小孩、工作、妻子或人過中年有關。吸引女人的不是話題本身，而是情人的自曝，以及他明顯願意向自己敞露情感。

- 我知道關於他的每件事……每一件事。
- 他把他從來沒告訴過別人的事，都告訴我了。

另一方面，女人也會聊自己的事。

●那就像一條可以往上加珍珠的項鍊，一開始，只是他在鍊子上加珍珠，然後我也加了一些。

●我卸下了心防，最後我告訴他關於自己生活的事情，比我曾經告訴別人的都多。我從來沒有讓一個男人如此走進我的心裡。

這些信息交換的重要性不容忽視，因為現在的女人抱怨的一個主要問題就是，她們找不到可以交談的男人。如今，女性更不願意僅僅「坐下來聽」，也更不容易滿足於「好搭檔」的角色，更不能容忍被居高臨下地看待或者漠視。她們更堅定地想要有情感上的親密，以及情感上的平等。

在和單身女性的關係中，已婚男人如果想要，可以允許自己在情感上脆弱。在一段隨時可以終止的關係裡，暴露自己最深處的情感便相對容易；當被套牢或從心理上被控制住的風險很小的時候，一個人便容易安心地放棄偽裝。事實上，歐洲與南美的貴族長期以來的慣例是：比起妻子來說，更愛情婦，而在情婦面前的情感更脆弱，原因就在此。畢竟，在一段長度有限、時間亦有限的隱蔽關係中，充當一名好的聆聽者並做到坦露情感，相對地比較容易，尤其是已婚男人若做到這些，就可以把婚外情關係維持得更長久。

在「她」與「他」的關係中，彼此交換祕密是正常及例行的。如果看起來誰也沒有背叛對方，把對方的祕密說出去，兩人間的信任度就會升高，因為一方是在講述自己最深的恐懼和隱藏的種種，而另一方在聆聽。在沒有明顯背叛的情況下，自曝隱私愈多，兩人間的信任度就愈大，隨之而來的自我價值感便愈強。

我和他，比我跟任何男人都親近。我知道一些他家裡的祕密，他沒有告訴過任何人。能夠與我談心，讓他感動極了。他雙手捧著我的臉，說：「我真的是能和你談這些事的。」他是朋友，也是愛人。我的感覺太美好了。我很仰慕他。

傾聽情人自曝隱私，可以給女人一種道德上正直的至高感受，這是兩人關係裡的其他元素所沒有的效果。身為受情人信任的紅粉知己，她感覺受到尊重——因為他願把祕密告訴你，表示你配得上他的尊重，是一個有道德的人。

● 對於他認為我配得上知道他那麼多事情，我仍然感到驚喜。他的妻子擁有他的人，但我擁有他的靈魂。

● 我有個自己創造的道德觀，是關於「無私的愛」。我對他沒有任何要求，這段純粹的感情讓我感到棒極了，正是這種純粹，使我成為一個好人。這就是我的理論。

有個女人的情人是虔誠的天主教徒，從一開始就對她說，他永遠不會離開妻子。

她認為這個男人是她所認識最誠實、可敬的人。她知道這段關係讓他背負了多少罪惡感，而正是這種負罪感，使他在她的眼裡變得尊貴。男人寄來一首英國詩人洛夫萊斯（Richard Lovelace）的詩，最後兩句，她憑記憶背了出來：

如果我不能做到更愛榮譽，
我就做不到如此深愛你。

深陷於情感依賴之中

並非所有女人對已婚情人都有同樣深厚的感情，有些女人甚至希望在情感上有些距離，通常她們對於事業投入很多。然而，即使是這類女人，有些也陷入了比原本以為更深的感情糾葛，因為婚外情幫助她們緩解了個人生活與事業之間的一些主要衝突，這個結果出乎她們所料。

儘管女性成了專業人士，甚至登上總裁位置，但是，許多人在這些角色中還是有不安全感。有人害怕自己的「女性特質」因為做「男性化」工作而消磨掉或者喪失；也有人懷疑自己是真的有能力，或是只會皮毛。這些疑慮困擾著許多努力向上爬的女性，她們害怕的不是成功，而是被視為不完整的人，或者發現自己沒有相應的才能。

由於可以提供指引的範本太少，現在的女人渴望受到肯定和安慰。儘管她們可以將自己的焦慮與其他女人討論，甚至可能發現別人也有相同的感受，但是，這些無助於提升自信。因為我們生活在以男性為中心的社會，一個男人對女性能力及魅力的正面評價，對大部分女人才是最重要的。男人建立或摧毀女人自信的權威，使他的「讚許」成為女人最想要的東西。

與有婦之夫在一起，女人發現自己可以表現出不完美和恐懼，既不用再害怕被別人發現，也不會冒「陷得太深」的風險。她可以在情人面前表現出容易受傷和脆弱，這是許多女人在職場上吝於流露的。而她在心中，與那個傾聽她、建立她自信的男人，締結了比預期更深的情感依賴。

過去我沒發現他在我的生活中是多麼強大的一股力量，因為我以前沒有察覺到自己多需要一個安全的港灣，那是一個我不需要什麼都知道，也不需要做所有決定的地方。我需要有人來照顧我，這讓我好驚訝，而我就難以自拔地淪陷了。

不管女人對情感糾葛的抵抗力大還是小，不管她們的態度和需求是很傳統，或不太傳統，在本質上都驚人地相似，只是程度不同而已。她們往往會發現自己是真心地在乎情人，甚至察覺自己可能愛上了他。

在愈來愈關注彼此的情況下，「她」不斷地自在分享著祕密，也難怪會變得在情感上與「他」親近。社會學和心理學的研究一再證明了，這種情況與愛的感覺相繫。女人對自由及安全的渴望，在這種關係中得到了滿足，她們正在經歷的，就是我們稱為「愛情」的親密交流。到了這一步，許多女性致力於保持這段關係，為了繼續維繫而什麼都願意做，即使那表示她得一直守密，一直隱藏自己的真實生活。

隨之而生的架空感

女人極力要延續這段關係，因為她真的在乎情人，也確實感到「自由」和「安全」。然而，一種不舒服的感覺出乎意料地由此萌生，那是被連根拔起的架空感，因為她處於不被社會討論，也不受社會承認的一種新型態祕密關係中。

我當時是在戀愛，但我不知道拿這段關係怎麼辦。陷入這場戀愛不在我計畫之內。我開始寫日記，因為我需要有人或有個什麼東西，幫我搞清楚自己是怎麼了。

當進入任何一種新的關係，如：愛情、親子關係、工作等，都會創造出一個包含了種種價值觀和關聯的新世界，人們必須與過去所處的世界做一定程度的告別。通常對這種告別有幫助的，是跟別人談論這個新世界，以及讓新世界的存在被社會認可。我們會聊自己的新辦公室、新老闆、新朋友或新的愛人，透過這些對話，新的關係才開始顯得真實、自然而正常。但是，當這個「新世界」是被汙名化的，不能言說，那麼，它的存在和人們在其中的身分就會一直很不穩定。這種錯亂的感覺可能會很嚴重。

一個人若要繼續任何新的關係，必須先解決「架空感」的問題。對於新婚的女人來說，有許多社會性的支持，幫助她將這個新身分穩固下來，使她的婚姻顯得有存在感，比如：能夠經常與丈夫不斷地對話；朋友、同事會對她冠以夫姓說：「早安，○太太。」寄給她的信件和邀請函，代表她的婚姻是受社會認可的，以及媒體和社交圈把婚姻視為理所當然的氛圍，還有生活中和小說裡無數的婚姻範例。然而，對於和已婚男人在一起的第三者來說，這些日常的肯定都不存在，這個社會也不會把她視為正常情侶中的一方，給她肯定。情人不會受到她的父母和朋友們檢視，不會被品頭論足，也不會受他們議論。

不被社會認可的結果之一，也就是不用去滿足社會的期望。終究，新婚妻子可能必須抗拒自己的人格被埋沒在丈夫的姓氏之下，或許會討厭社會對她「要像個妻子」的期待。但是，她無須懷疑自己是身處夫妻關係中，因為她不斷在被周遭環境提醒：「你是個妻子。」單身女人則不同，她可以建立自己的私密天地，讓時間停格，相對地游離於社會觀點之外；但她可能也會為了向自己證明和「他」之間確實有什麼，而苦苦掙扎。

她對自己證明這段愛確實存在的一種主要方式，就是賦予一些物品或相處模式滿滿的重要象徵意義。雖然所有的長期關係都會產生一些紀錄，以及美化那段關係的所有物，像是一些物品、照片或紀念品等，但這些東西對於「她」與「他」之間的意義不同，它們承載著證實「兩人的確是以戀人形式存在」的主要使命。他們擁有的物品和分享方式，見證著兩人戀情的過去及現在，就像對沒有孩子的夫妻來說，愛貓承載了他們為人父母的感情。有個女人的「見證物」是她的臥室，那是她和情人一起裝潢、布置的，他們一起從油漆樣品中選顏色，一起重新粉刷牆壁、打磨地板，一起買了植物和壁掛：

這種事我是不可能自己進行的，我也不會為了自己而做。我們，是為了「我們倆」。我總是感覺到他的存在。這間臥室成了「我們的」臥室。我和他會躺在床上，看我們蒐集來掛在牆上的海報，取笑自己的審美觀多怪異。

另一個女人在抽屜裡收著一些紀念品（酒標、電視節目單和門票收據等）。她的情人說那個抽屜是「我們的抽屜」。還有一個女人保存著一本相簿，他們兩人定期會翻看。她說：「我們要重溫那些非常特別的時光。」

臥室、抽屜和相簿，都是情人之間的私有物，彼此分享，以慶祝兩人的關係，收藏兩人在一起的種種。不過，這些私人紀念品始終是私密的，不會被展示在桌上、書架上，或是客廳的牆上。他們也不會和別人談起這些東西，因為這不是公開分享的，卻承載著對一段戀情的見證，也更加強化了它們的象徵意義。

某些女人賦予了這些物品幾近神聖的價值，細心珍藏。有個女人把「他們的」剪貼簿藏在一個「祕密所在」，不讓她的孩子、父母和朋友們看到。她捧著它、帶著它的方式，彷彿它像原版的珍本那樣珍貴。她翻剪貼簿的時候極為小心，僅由頁角翻頁，就好像她的手會把那些寶貝照片弄髒一樣。還有一個女人有如沉默的祈求者般，站在臥室的一塊板子前，板子上釘著一束乾枯的花、一張情人節卡片、電影票收據，還有一些明信片。這塊板子就放在她關上燈後能看到的位置。兩個女人敬畏地看著這些東西，像在進行宗教儀式。

有些女人向自己證明她們在談戀愛，用的是沒那麼具體的方式，比如共同分享私密的用語和笑話、祕密的電話密碼，以及慶祝紀念日等。她們一再提到，這些共享的種種是多麼可預料、多麼穩定（如：到了這個日子，我們一定會做這件事），說明了這對於見證她們戀情的一切來說，是多麼重要。

●我們知道每個星期二晚上，我們都會在一起，這成了我們嘲笑那些「憂鬱星期一」和「感謝上帝，終於到禮拜五了」的人的老笑話。對我們來說週一棒極了，因為隔天就是星期二；而在共度週二之後，誰還需要禮拜五呢？

● 他每天都寫信給我，我也在同一個時間寫信給他，就好像我們真的在一起一樣。

● 我們有各種慶祝的紀念日：我們第一次約會，我們第一個吻，我們第一次在一起過夜的日子。第一年，我們每個月都慶祝這些紀念日，稱它們為「週月紀念」。我們還會找一些特殊的事情來慶祝，比如：我們的第一個螃蟹晚餐紀念日，我們第一次看見矮牽牛花的紀念日。我們發明了好多紀念日，就成了這個樣子。我買了本日記簿，開始以記錄這些紀念日為樂。他也會在那本簿子上寫東西。

擺盪在「隱藏」與「展示」之間

在標準的婚姻中，情欲和浪漫愛，被孩子與家庭財務所取代。然而，在婚外情關係裡，產生的是「我們的浪漫可以永恆」的想法。透過蒐集照片、信件、紀念品，以及創造私密話語和私人笑話等，「她」可以確認戀愛關係的存在，而懷著敬畏之心對待這些紀念物、發明紀念日以慶祝戀情，則有助於把感情凝止在浪漫與情欲的階段。

情人之間不僅交換祕密，還擁有一套私有物品，以及一些彼此都珍視的祕密，於是，一種新的親密感在兩人間產生了：她感到自己依戀著他，覺得自己是一場戀愛的一部分。正如向對方敞開心扉所帶來的感覺一樣，「歸屬感」也是與愛情連結起來的一種感覺。

那麼，這有可能是愛嗎？

在這個階段，許多女人體會到親密感帶來的愉悅、分享祕密，以及「自己是個有價值的好人」的感覺，並且經歷著隨歸屬感而生的愉快，她們有和情人一起創造的私密笑話、私密話語與私有物。「我們兩人一起對抗外面的世界。」敞開心扉、歸屬感、自由和安全，這些對於我們所謂的「愛情」來說是如此重要，就連情感自制能力極強的女人也陷了進去，因為這可能就是愛啊！

不管這種感情是什麼，它給人的感覺不錯。這種感情確實不是女人事先所預料的。

不過，為了讓感情繼續下去，「想要把感情展示出來」和「需要把感情隱藏起來」，這兩種欲望之間的拉鋸是不可忽視的。從此，「第二世界」中的生活，就不大可能全是浪漫與光明了。

第五章

婚外情如何隱藏？何時展示？

吶喊或壓抑的矛盾

陷入愛河這件事，是和一定的榮耀相連的，因為「你被愛」與「你美麗，你令人渴望」相連結。所以，當一個女人談戀愛了，她就想要告訴全世界，想站在屋頂上吶喊出來。她想要獲得自己應得的欽佩和讚賞。

然而，若她是在和別人的丈夫戀愛，會自覺是個汙點，眼前的世界再狹窄不過，她必須壓抑「我戀愛了」的吶喊，「屋頂」得用柵欄圍起來。

「隱藏這段關係，保護它不被不該知道的人發覺」，以及「展示這段關係，把它告訴重要的友人」，這兩者之間的緊繃張力會升級。這段關係愈重要，狀態就愈緊繃，因為愈是必須保護它，讓它繼續存在，我們也就愈會想要歌頌其美好。並且，這種情況將會主導情人之間的對話：誰可以知道我們的事？他們能曉得哪些？我們可以冒哪些風險透露給別人？

看起來曾經很理想的親密關係，如今要在「隱藏？還是展示？」這個問題上，歷經協商與交涉。憤怒，意見不合，恐懼……矛盾將隨著親密關係的強化而產生。

四種隱藏策略：撤離、劃界、遮蓋與編演

隱瞞戀愛關係有許多好處，例如：讓情感的親密性可以自然存在，給女人一些游離於社會和性別限制的自由，使得戀情與外界的評價絕緣。他從不需要承受她親朋好友們的評斷和議論，比如，沒人有機會告訴她，她覺得很棒的這個男人是個投機分子，她覺得很獨特的這段戀情是老調重彈。最重要的是，如果她不瞭解在其他背景中的他，那他想怎麼撒謊，就可以怎麼撒謊，而她也一樣。

她的故事可以捏造，她大可當自己想當的那個女人；他也可以造假，當自己想當的那個男人。

雖然需要保密是因為情人已婚，但這也帶給她一些好處。她極力要繼續隱藏這段戀

情，為此，女人會運用四種主要的隱藏策略：撤離、劃界、遮蓋與編演。

有的女人可能特別偏好其中的某一種策略，但是，所有的女人在談戀愛時會用上大部分的方法，或者四種都用，尤其是進行了多年地下戀情的女人。

這些策略能讓女人比較成功地同時生活在「主要世界」與「第二世界」裡。諷刺的是，運用這些方法，減少了戀情遭到公評的可能，而增加了女人對這種關係的依賴性，來深化她在其中的親密感，以及她的忠誠與投入。婚外情被隱藏的同時，女人對於這段關係的投入和付出卻在增加。

隱藏策略一：撤離

任何戀情都一樣，在愛還新鮮的時候，是超越過往的生活模式而存在的。情侶們想要共度時光，暫時把其他的人際關係、責任與義務等放到一旁，拒絕侵擾，但過了一陣子之後，他們會從二人世界的隱居地中走出來，希望別人肯定這段感情，獲得家人、朋友和同事的認可。

婚外情則不同，「她」和「他」必須迴避親朋好友及同事們，從其他人的日常活動中「撤離」。

他和他妻子住在一起的時候，我拒絕公開跟他一起做任何事。吃頓午飯可以，但是不能有別的公開關係。這種狀態持續了兩年半。

不僅兩人的關係處於地下狀態，女人還會發現，自己從正常的社交中撤離了出來。如果她把自己看作是搞不倫的一方，那麼她便很容易遠離常規的社交圈。

我發現，我整個生活都是圍繞著他在安排，以他為中心，來決定我何時能出門，何時該待在家裡。我和我的女性朋友們也不怎麼見面了，因為我希望下班後的時間可以空出來，跟他在一起，雖然這樣安排生活使我感到很不滿。

儘管女人會因為讓自己的社交生活受限而感到自責，但如果對情人的感情比對自我的憤怒更強烈，她的世界就會一直保持那麼狹窄。若是依賴他打電話來安排約會，她會盡可能地調整自己的日常行程，以求在他來電時能有空。

我通常是等他主動聯繫，這表示我得多在家待著。我會匆忙跑出去買東西，然後匆忙趕回家。我讓他掌握主動權，因為那樣更安全些。

從生活中撤離的影響太大了，使得女人不再是原來的那個她。她放棄了自己「身分」的一部分。

●我想，在我脫離那段關係之前，並未發現自己放棄了多少東西。連我妹妹也說，現在我重新變回以前那個我了，可見當時我這個人有多大一部分消失掉了。

●在正常的關係中，你通常不用放棄你的身分。但在我的情況裡，雖然我仍然是一個「個人」，但我放棄了我的家庭、我的身分定位，和我的文化背景，放棄了劇院、藝術、舞蹈、閱讀和開懷大笑。我真的是放棄了這些。

撤離行為限制了女人與老朋友、家人來往的頻率，而更明顯的是，改變了她的人際交往性質。由於和別人分享生活中任何重要的事情，都會有暴露祕密的風險，她和親朋好友們的對話因而變得更疏遠、冷漠及淺層，因為她怕自己的整個生活都曝光，於是她不再信任自己，認為不能談自己生活中的任何事情。這樣一來，以前她所擁有的人際支持網絡就萎縮了。

我沒告訴家人，也沒跟朋友說，我甚至不再接觸心理諮商，也不去做治療了。我斷絕這些往來是很自然的，因為他為我做了那麼多，而我只是限縮了自己的生活圈。我對任何人都什麼也不說。

由於使用撤離策略，女人失去了人際支持網絡，也減少了認識新朋友和遇到其他男人的機會。當她以情人為中心來安排自己的生活時，也就失去了碰上其他豔遇的機會。

> 有時候，我想我是浪費生命在等他。等他的時候，原本可能去認識其他人的。他說如果我有別的事，就去做別的安排好了，不要等他，但我想和他在一起。

若女人進一步地撤離，導致社交隔離與情感隔離，存在於她生活中的就只有已婚情人，那麼在實際上，「他」便成了她的整個生活。

撤離策略強化了女人對這段關係的依賴和忠誠投入，也強化了隨之而生的愛意。「他」是她唯一的真正親密愛人。從某種意義上說，她變得和傳統的妻子一樣，被排除在婚戀市場之外，在家待著，等著。第三者比較容易在不知不覺間脫離社交圈，是因為「等待」和「當男人找她時，她隨時有空」，與她早期所經歷教導「如何做女人」的社會化過程一致，而她對此難以置之不理。

隱藏策略二：劃界

撤離策略加深了女人對感情的忠誠與投入，因為這把她與他人、與別的機遇隔離開來。但是，還有一種可選的策略：劃界。劃界策略讓女人將感情與生活的其他層面隔開，使她可以更積極地參與生活。

一般來說，現今的女人可以老練地把自己扮演的每個主要角色，放進一個密閉的小隔間裡。為了生存與成功，女人學會了在上班的路上忘掉家，回到家就忘掉辦公室。專注於一份全職工作的壓力就夠大了，而她還得去注意其他瑣事，比如男同事把孩子的照片擺在辦公桌上，這種小事普遍受到認可，但如果她也這麼做，就會被解讀為對公司不夠全心全意，別人會只把她當個母親看待，而不是一個專業人員，或者像在提醒同事們：她在別處還有別的生活。因此，女人會認為自己最好還是把這些不同的世界分隔開來。

對這樣的女性來說，把情人也放到另一個分離的空間裡，只是她本來就在運用的「劃界生活策略」的延伸。

我讓所有事情都隔得很開：我父母不住這邊；我工作的地點離我住的地方有八十公里遠；他住在另一個城市，我們在兩人之間的中點相會；我的兒子們習慣我離家出差了。

對於情人不住在同一個城市的女性來說，這種策略尤其能配合自己生活的其他層面。由於他所在的地點不是太近，因此，她較容易把跟他的事情和其他活動分開。

我們大約一個月或一個半月見一次面。他會寫信給我，每個禮拜打三到四次電話。有距離是好事，幫我們維持了想像空間，我不用每天都見他。

劃界策略的運用，不管是刻意的或地理位置所造成，都讓女人感覺到，自己可以把這兩個世界皆置於掌握中。

● 因為知道他一走，我就可以關上門，所以這段關係不會控制我的整個生活，這樣我可以付出更多，也得到更多，同時，我對生活中的其他方面也一樣。

● 我是做什麼事都很盡力的人，不喜歡有太多事情令我分心。見他的時候，我就想專心約會；做設計時，就想專注地工作。我不喜歡自己被不同事情拉著走的感覺。

至此，習慣了不能做一個完整的自己，習慣了把自己的各種角色分隔開來的女人相信：「我已擁有這世上最美好的部分了。」因剝離掉部分自我、硬生生分割生活而導致的緊張狀態，被女人忽視或輕描淡寫地帶過。根據她的判斷，隔絕這些角色，比整合它們省力。

隱藏策略三：遮蓋

並非所有女人都能成功地在自己與情人之間立下界線。對於日常社交、工作區塊與情人重合的女性來說，「遮蓋策略」被使用得較多。就像特務和祕密組織的成員那樣，兩人表現得好像他們在一起，可以用「工作關係」和「老朋友關係」來解釋一樣。女人相信別人會把自己和情人公開在一起，視為傳統的合法活動。

比如說，有個女人的情人是她的上司，她經常和他一起在辦公室留到很晚，跟他一起「出差」，打電話到他家討論工作。另一個女人則是與情人一起教課，他們公開在一起花了許多時間備課、改作業和閱卷。還有一個女人會請「老朋友」到家裡，表面上是請他「幫忙修房子」。

掩人耳目最常用的手段，大概就是「午餐會議」了。大白天在一起，在公開場合吃飯，是婚外情戀人共度時光常用的辦法。午餐桌上談工作是男人之間長久以來的傳統，而隨著有愈來愈多的女人擔任管理職，男女在吃午飯時談工作也愈來愈普遍。

然而，這也未必行得通。女人認為別人會把她和情人吃飯，看成像男性之間的聊天一樣，是商家與客戶、同事和同事之間的對話。但是，男女之間的往來通常會被人以有色眼光看待，就算是正常的午餐會，旁人也很可能視為一場午間幽會。

藉著運用「遮蓋策略」，女人比較能夠經常公開地與情人在一起。如果兩人原本就是同事或朋友，遮蓋策略允許她對他保持平常的姿態。她相信，若他們兩人的日常舉動不起變化，別人就不會懷疑。

- 他經常不在家。公司希望我在他身邊，當他的助手，所以，他在行為規律上並沒有變化。
- 我們一起做研究，我相信，每個人都認為我們走得這麼近是因為工作關係。
- 我們是晚上在一起。他打電話回家說要工作到比較晚。他家裡的那位已經習慣了。

遮蓋策略允許兩人公開在一起，也讓女人相信，他們關係的真正性質被掩藏住了。這種策略也深化了「我們倆」的感覺，因為兩人有個共同的祕密。而且，女人可以向他人展示她對那個「同事」或「朋友」的好印象，並能很合理地得知情人的工作安排、家裡的電話和小孩的名字。她的私生活可以在某種程度上與公開生活整合在一起，不過，兩者之間實際上的重疊部分則被隱藏起來。

隱藏策略四：編演

除了撤離、劃界和遮蓋，女人用來隱藏戀愛關係的第四種策略是「編演」，也就是靠含糊地不說清楚他是什麼人，或者撒謊說他是個什麼人，以防別人曉得情人的婚姻狀態。

- 他見了我的家人。他們以為他離婚了，正在追求我。
- 我的同事們知道我在和一個男人約會，但是不曉得他已婚。
- 我對孩子們撒謊，讓孩子們以為他離婚了。這對我來說很難，因為孩子們愈來愈依賴他。
- 我告訴別人他離婚了。

再複雜的故事都有可能編出來。女人可能直接對別人撒謊說自己如何過週末，放假時在做什麼，為什麼她現在會表現出這樣的情緒。有時，還會編出一個虛擬愛人，或編出一段被社會所接納的戀情。

複雜的故事最常被用在職場，同事間來往的時間與交往的深度有限，然而，完全不談個人生活也不大對勁。從這個角度看，第三者的處境和男、女同志，以及其他處於非傳統戀情中的人們相似。

依靠撒謊的女人，會發現自己和他人有了隔閡，由於害怕自己會不小心洩露真相，進而走向更深的孤立，也更依賴情人。編造出虛擬情人的女人，則因為可以隱蔽地聊自己真正的愛人而感到較輕鬆，同時也發現運用這種解決方式，就沒有再找新戀人的必要。無論是哪種情況，編演策略都會強化女人對情人的依賴，從心理上縮小她的選擇面。

撤離、劃界、遮蓋和編演這四種策略，都有助於女人在維持親密關係的同時，隱藏起這段關係。為了隱瞞關係而採取的行動，催生了兩人之間共同的新祕密，使外界對這段關係的檢視變得有限，增加了女人的依賴性，也減少了她尋找其他戀情的機會。

展示戀情的男人：賭一把的浪漫

隨著女人感情的升級，對於這段戀情是「談論」或「隱瞞」，其間的矛盾張力也在升級。

許多時候，這個階段的「她」與「他」在被捉住的邊緣玩火。他們會「賭一把」，公開玩捉迷藏，冒被捉住的風險，使得戀情更加戲劇化，變成更刺激的浪漫。他們可能在酒吧見面，或者她下班時，他開車送她回家，兩人一起去旅行，或他送她去某個重要場合。

兩人的戀情仍然對彼此生活中重要的人保密，但是他們公開在一起，一起去旅遊，就有了被陌生人知道的可能性。

陌生人對他們來說很重要，因為他們可以在這些人面前表現得很正常，向這些人編故事，同時不用多加解釋。陌生人在肯定、讚許他們的戀情之後，接著會繼續上路；陌生人可以代替那些不曉得他們戀情的朋友和同事，一再地確認他們的關係，並給予認可。

他的妻子是需要被瞞著的那個人，因此，有時他們得冒著被妻子發現的風險。

有個男人要情人打電話到他家，如果是他太太接電話，她就謊稱是某位客戶的祕書，留下一個含有愛情密碼的消息，做太太的便想當然地把消息傳給他。

另一個男人與妻子聽音樂會，也幫情人買了同一晚的票，中場休息時，這對戀人互遞信號。

還有一個男人，從家裡打電話給情人。

昨天晚上，他從他家打電話給我兩次，放低了聲音說他愛我。我問：「你是一個人在家嗎？」他說不是。

賭博要好玩，就要有風險，但賭注不能太大，不能讓男人一下子失去一切。像所有成癮的賭徒一樣，男人心底有個基本的信念：自己不知怎麼地就是無往不利，就算作弊也不會被抓到。

- 他想要我飛去他住的城市。他在玩「可能被發現」的遊戲，他在冒險。
- 我們一起去聽音樂會。我想，他是故意冒著可能被發現的風險。他說他沒有那個意思。他說，別人會認為如果我們有偷情，只會是偷偷地來，所以最好的隱藏方式就是把它擺到檯面上。

有一點非常明顯：是「他」，而不是「她」，來決定賭博遊戲何時進行、如何進行及做給誰看。男人整體上比女人更愛冒險⑩，這是基本的性別差異之一。而因為是由「他」決定要冒什麼險，因此，「她」對戀情結果的控制權便比較小。

更重要的是，男人所選擇的冒險方式看似風險不小，事實上卻是對自己有利的。

⑩根據研究，權力需求大者，也就是對他人有較強控制欲者，比控制欲沒那麼強的人更傾向於冒險。男性獲取權力的動力比女性強。

如果妻子沒發現，他就贏了，若想繼續公開展示情人，他就能繼續展示；若被妻子發覺，他的損失仍然在可接受範圍內。他可能需要結束這一段婚外情，也許令他悲傷，或是他本來就想要的，但這段關係的結束阻止不了他展開另一段偷情。或者，假如他是想擺脫婚姻，那麼公開羞辱妻子，可以迫使妻子提出離婚。不追究責任的離婚（即離婚雙方都不被視為法定過錯方，誰也不需要賠償誰），如今變得普遍了，在法律上、經濟上，他都不會因為出軌而受到懲罰。對於男人來說，有很多可能的結果，潛在的好處也很多。

風險會強化親密感，因為在暗藏危險的關係中，容易產生浪漫。第三者可能把情人的行為理解為「甘冒失去一切的風險」，代表他的忠誠告白。即使是一點點冒險，也可以給戀愛關係製造不小的神祕感，讓這段戀情顯得堅不可摧，儘管經歷了被發現的挑戰，但依然能繼續下去，就好像命運站在他們這邊，在保佑他們。這種賭博也讓女人覺得，自己是一對普通情侶中的一方，在公共場合做著情侶們平常會做的事情。

展示戀情的女人：私密告白

不過，公開冒著被發現的風險，並不怎麼能滿足女人的需要，她需要與重要的人聊自己的感情。男女之間的性別差異，在戀愛關係的這一點上也很顯著。

男人對友誼的定義包括在一起做某件事，冒著被發現的風險而當眾做些什麼，便是在宣告戀情。女人對友誼的定義是親密交談，私下和重要的人聊自己在戀愛，則是女人宣告戀情的方式。

他的方式是公開的，而她的是私人的。

隨著關係的延續以及女人的情感變得更專一，她想把這段感情告訴別人的衝動也愈強。如果她在親朋好友面前藏起這個祕密世界，嚴重的孤立感會令她痛苦。這種潛在的嚴重痛苦就如同任何深藏祕密的女人，無論那個祕密是家暴的丈夫、虐待的父親、酒癮、毒癮或同志身分。告訴別人是有風險的，而不告訴別人，也有更大的孤立與痛苦風險。

正如同志對人展示出自己的性向而「出櫃」一樣，要從第三者的身分中「出櫃」也並不容易。就像同志，以及擁有跨種族、跨年齡、跨階層戀情的人們一樣，第三者不確定他人對於自己的非常規戀情會如何反應，不知道怎樣的羞辱會向她拋來，不曉得別人會給她怎樣的「治療」建議，不清楚怎樣的議論會在她背後傳開。而當這段戀情出了狀況，有多少「我早就跟你說過」的「先見之明」會出現。而且，這個「出櫃」過程永遠不會終結。

由於平常的世界是已婚伴侶主導的世界，人們便想當然地認為單身女性不是正在和單身男人交往，就是想要與單身男人交往。要公開自己是第三者，就得每到一個新地方、每遇見一個新認識的人，都重新公開一遍。但是一旦她供出了這個祕密，一切將自行流傳，而她便無法再控制別人如何談論自己。當別人把她的整個人格、成功和失敗以及人生起落，都與她那「變質」的第三者身分連結時，身為母親、女兒、朋友、同事的她，可能也會因而失色。

由於第三者被另類看待，受到汙名化，所以對於大部分單身女人來說，「出櫃」是一個險峻又艱難的過程。整體而言，女人會選擇把祕密告訴她認為最不會批判她、最支持她的人。但她的祕密是和情人分享的，所以她也不能全盤掌握把什麼事情讓誰知道，什麼時候說。親朋好友和同事是她可能會選擇的告知對象。男人和女人會選擇不同的方法，把兩人的事情告訴不同的重要人選。

在父母、兄弟姊妹、孩子等所有的親人中，女人最有可能將戀情告訴姊妹。姊妹之間的感情是特殊的。她們是同輩、同性別，被同樣的父母養大，有著同樣一代的文化和家庭過往。姊妹雖然是親人，但無須為彼此負責，也不像小孩對父母那樣高度依賴。姊妹之間更能接受彼此的小缺點，更不會因為對方的行為而感到負罪，也不會對彼此有要求。

● 一開始，我姊對我有點道德評價，而且擔心他太太會把我殺了，但現在她能接受了。她見過他，也喜歡他，但她還是不懂我為什麼要找已婚的。

●我想讓他見見我姊姊。她從別的城市過來了，她知道他已婚。

●結果我第一個告訴的人，是我妹妹。

好姊妹就像好朋友，但比好朋友更親，因為有血緣關係。姊妹會對彼此的情緒敏感，而且會知道父母可能有什麼反應和回答。必要時，姊妹還可以幫她遮掩，替她在父母面前解釋她為什麼沒出現，為什麼會有這樣的情緒。這種幫助經常是必要的，因為若要告訴父母，不是不可能，就是太困難。

●我想和我爸媽談這個話題，我問他們，如果我已婚的哥哥有女朋友，或者我跟有家室的人談戀愛，他們會是什麼感覺。媽媽說她會擔心我受傷，但是當我想進一步地聊下去，她就轉移話題了。

●我媽媽知道他，也曉得他有小孩和另一個女人，但她不曉得他已婚，還以為他是和那個女人同居，有個私生子。

●我媽見過他。我試著把我們的關係輕描淡寫地說成只是好朋友，我媽沒問什麼。可是你想，如果她真的好好思考的話，就會覺得奇怪，一般上班族回爸媽家大多在週五晚上，為什麼我都是在週六晚上回去。但我裝作他只是個特別要好的朋友。

無疑地，父母是自願「不知情」的，他們想知道女兒是「幸福」的，是在和一個「好男人」約會，但他們不想知道事實。就像同志的父母什麼都願意相信，就是不願意相信事實，不然他們會有負罪感，會自責養了一個「不理智、沒道德」的孩子。

做爸媽的接受女兒與已婚男人交往的情況很少見，會接受的通常是母親，尤其是離過婚的母親。

我媽媽和我一直都很親近，我現在跟她住在一起，我們更像是朋友。我告訴她了，她懂我。她跟我說，她離婚後也和已婚男人約會過一陣子，這我早就知道了。

人們對離婚女性與女兒之間的關係知之甚少。沒有丈夫和父親，母女之間會發展出一種特別的親密。當女兒長大，容易經歷母親曾經歷過的那種兩性關係。由於男人不夠多的人口問題影響到連續兩代女人，而且母親與長大的女兒會變得像姊妹一樣，母女倆將會就「尋找合適的男人談戀愛」這件事，談論彼此的經驗。

若說對第三者而言，姊妹以及如姊妹般的母親是潛在的夥伴，那麼，孩子則是她的顧忌。女人不想讓小孩知道跟媽媽約會的男人是已婚的。不過，她們對於「為何對孩子保持沉默」的回答含糊其辭。

- 我認為他們不會懂。
- 我不覺得他們有必要知道。
- 我就是沒告訴他們。

女人面對孩子時的謹慎與沉默背後，埋藏著一連串的想法：在保密這方面，是不能信任孩子的；若讓小孩知道「他」已婚是個祕密，就等於主動承認自己做錯了事；孩子對她會有批判；她的戀情，會被孩子解讀為只是性關係；她的戀情，會給孩子壞榜樣。本質上，如果女人認為自己和已婚男人的戀情是可以被接受的，她會對孩子坦白。

而與女人對小孩隱瞞真相形成對比的是，已婚情人往往會把戀情告訴長大的兒子。

- 他告訴他三十歲的兒子，我是他女朋友，他兒子想見我。十七歲的小兒子問他有沒有女友，他說有，兒子說不怪他。所以說，他的孩子還比較支持他。
- 他想要我和他二十歲的兒子一起吃午飯。雖然我們沒有明說兩人是什麼關係，但他可以透過爸爸對我的表現看出來。他對我很殷勤，不時碰觸我。

把這種事告訴兒子的男人，是在傳達他們對婚外情的認可態度，或許也是在傳達「婚內忠誠」在他們心中的貶值。父親信任兒子，介紹兒子認識自己的情人，同時展現自己在性方面是有競爭力的成功男人。得到兒子的認可，可以讓父子產生一種特別的「男人之間」的連結，那是一個將妻子／母親排除在外的同盟。

姊妹淘與哥兒們當出口

儘管第三者可能會把戀情告訴家人，但她們最信賴的人還是親近的女性朋友，畢竟親近的女性朋友們相聚時，就是聊各自的生活。許多時候，由於女人未預料到這段戀情會在生活中占據如此重要的地位，所以她會隨興地當作一段新的友誼或一個困擾，玩笑似地對朋友提起。然而，當戀情深化，她可能就很難繼續談這件事了，因為那像是違背了她和情人之間的信任。

- 我沒再繼續和我的朋友們提他了，因為我覺得那樣對他是一種不忠。
- 現在情況變得嚴重，令人感到沉重。我不想再聊起這件事了。

假如女人決定把戀情和自己的感受告訴朋友，可能會發現朋友也經歷過或者正處於這樣的關係中。從前的女人們聊懷孕、生產，現在的女性朋友間會聊她們的已婚情人。

●有個大學時代的朋友來看我，她看出了我的戀情，原來，她也當過第三者，所以她看得出來。我們每個週末都聊天，分享相關的書、聊聊書裡的一些內容，也會談關係中的高、低潮。有時候她打電話來，我正甜蜜著。但有時我會對她說：「天哪！你煞車吧，走出來，免得受我現在受的罪。」

●我最要好的朋友問我是否喜歡重回單身，我說：「哇！自由又美妙，所有的禁忌都沒了。」然後我提到，我甚至考慮跟已婚男人偷情一次，她就跳起來說：「別那麼做！」我的話觸動了她，接著她就把自己的事情告訴我了。

●我朋友說她在密切觀察我，看我的戀情如何發展，因為她試著要抗拒這樣的戀情，但她認為自己快守不住了。

第三者會選擇性地與其他單身女性談論戀情，可能是親近的女性朋友，以及疑似也有同樣經歷的女人。如此一來形成一個結果：她為自己建立了一個由其他單身女人組成的支持系統，她們聆聽彼此的故事，由於有著同樣的經歷，而對彼此抱有同理心。但另一個結果可能是她們變得與已婚女人的隔閡更大。單身女人極少相信已婚女人會理解婚外情，更不要說寬恕了，因為「婚外情」這件事，在特定情況下會威脅到已婚女人的婚姻，所以單身和已婚的世界，距離就拉得更遠了。

第三者可以決定自己要讓哪個朋友知情，但是無法控制情人會告訴誰，就像普通的戀愛關係中，或者男女剛開始交往時那樣，他可能會讓一個死黨參與，讓兄弟給他「做替身」。她的朋友扮演同情的聆聽者，而他的朋友則是替他的戀情公開護航。由於她會花時間和情人的哥兒們在一起，對方有可能成為她的知己。

有一個星期五晚上，我們在外面，他說他的朋友約翰要過來。呃，剛開始我覺得有點不舒服，但是後來，有時我會和約翰在酒吧裡聊天。我說：「我知道這段感情是錯的，但管他呢。」約翰說：「如果你愛他，而且很明顯他也愛你，這才是最重要的，不是嗎？」

他把最好的朋友設定為「兩人戀情的預言者」與「安全的」男性護航者角色，讓她有了另一個可以傾聽她的男人，使她誤以為這位男性聆聽者是中立的，這個人也在乎她的情人，也認為她的情人很特別，在這個人面前，她可以歌頌情人的美德，傾訴自己內心的矛盾。當女性朋友們都跟情人出去了，或者出去「狩獵」而她不想時，她就可以和這個朋友在一起。

男人也可以選擇讓同事知道自己有婚外情。這種選擇是大部分女人排除掉的，因為她們感到自己在職場的地位不穩，缺乏掌控自己職業生涯的權利。她們的才華可能會被小看，她們的成功可能會被人歸為是「性」的手段，而不是努力和能力。男人可以因為有情婦而獲得認可，但女人可能因為當情婦而遭非難。

在我的部門裡，沒有和我同級的女同事。我不能讓上司知道，也不能對屬下說。我作夢也不會想到去告訴辦公室裡那些男的，他們在工作上帶給我夠大的麻煩了。

女人對職場的任何人訴說戀情，都是有風險的，因為她們自知掌控不了自己的職業生涯。如果她們真的告訴同事，對象往往是關係平等的朋友。

我們辦公室都是未婚的年輕女生，同事之間會聊很多感情的事。我想，我們這麼放得開是因為很相似：同樣是大學畢業，做的不是本科系的事，而且都在找新工作。

男人可以把偷情的事情向同事公開而不用太擔憂，因為他們不會因此受到譴責，而且他們通常能夠把妻子與職場、公事隔開。傳統上，丈夫擁有權威去定義妻子在他生活中扮演的角色。過去在一段完整的婚姻中，這樣的權威還沒有削減；而在新式婚姻中，若家有年幼的孩子，丈夫不照顧，妻子就得負責，小孩的需要與時間決定了妻子的生活。這表示大部分做丈夫的都可以自由地來去，自由地決定妻子可以知道多少他工作上的事，自由地決定哪個同事可以私下得知他有婚外情。

● 他打電話給我，要我去斯巴奇酒吧。我以為他是一個人在那裡，結果發現他有四、五個部屬也在。他喝多了，拉著我不放，那些人都知道我是他的情人。我覺得有點不自在，覺得他們在想：「喔，這就是那個第三者。」我擔心他們會怎麼看他，但他想讓他們見我，這也讓我感覺不錯。

● 他的祕書一定曉得。她一聽到我的聲音，我都還沒自我介紹，她就出去找他了。

● 另一個城市的生意團隊裡的所有男人，都知道我是愛德華的情婦，但他們的妻子都不曉得。那些妻子們怨我，也怨自己的老公，因為愛德華對我那麼好。我們一起出去時，她們說：「你們為什麼不能像愛德華對他太太那樣對我們？」她們以為我和愛德華是夫妻。愛德華棒極了，人人都知道我們的關係很特別。

終要面對的現實

向親朋好友及同事「出櫃」，是一個持續的過程。一直隱瞞下去會產生許多心理上與社交上的代價，但是，把關係展示出來，冒的風險也不小。無論是隱藏還是展示，女人所用的策略都會強化她與情人之間的牽繫。

女人選擇性地決定如何隱藏戀情，以及能向誰展示戀情。雖然她難以控制情人的冒險行為，還有他會把事情告訴誰，但整體而言，他的決定卻使她投入的感情更深。他介紹她認識自己最好的哥兒們，讓她認識他的同事，甚至讓她收到來自他兒子的「祝福」，於是女人相信，為了她，情人正在冒著失去一切的風險，這也有助於使她的地位正當化，而讓他的行為合理化。

由於情人已婚，所以她隱藏和展示戀情的策略都很重要。她和他的生活，是與他和妻子的生活複雜地聯繫在一起的。不管第三者喜歡不喜歡，她都需要面對現實，面對自己對「他的妻子」的情緒。

第六章

他的妻子

第三者的負罪感

在「他」的生活中，還有另一個女人——他和她住在一起，跟她有孩子，與她共有財產，和她有過去，有現在，也有未來。她不是別人，而是「他的妻子」。

很明顯，她和他之間的婚外情狀態是建立在「他已婚」的這個事實上。由於有個妻子在，他們兩人世界的存在是謹慎、受到限制、浪漫與隔離的。那位妻子影響著他們的「第二世界」，而且有能力把這個世界摧毀。

「他的妻子」是個強而有力的形象，會在第三者心中激發各種負面情感，例如：負罪，嫉妒，仇視。第三者必須控制這些情緒，因為若不控制，可能將毀掉這段婚外情。

強大的文化信念堅定地宣示著：如果一個女人與其他女人的丈夫發生性關係，那就是不道德的，就應該感到負罪。在不同的群體中，這種偷情關係可能被定義為「罪惡」、「冤苦」，或「破壞姊妹情」。而與社會對女人的期待相反的是，現在的女人極少因為和已婚者在一起而有負罪感，過去「通姦」的標籤，如今不再適用。

●怎麼應付他老婆是他的問題。如果他要撒謊，得面對自己良心的人是他。我和她又沒有牽扯。

●據我所知，大多數偷情男人的妻子是本來就不打算要婚姻了。她們不是那種待在家裡的類型，她們有自己的事業。所以並不是我做了什麼而破壞了他們的婚姻，我不需要有罪惡感。

●我沒有負罪感。他的妻子什麼都不知道，就不會受傷。

這個社會要求女性為失敗的育兒、失敗的婚姻和烤壞了的糕點負責，因此，有那麼多女人斷然否認自己有責任，這一點很令人震驚。不過，到底是只有部分或大部分的女人都在壓抑自己的負罪感，這並非重點，事實是：女人不把自己形容為罪人，不拿負罪感來為自己的戀情添加重負。

負罪感可以腐蝕一個人的自尊，也會激發第三者對帶給她負罪感的那個人的憎惡

——這裡所說帶給她負罪感的人，就是她的情人，而要避免這種情況的方法之一，就是否認自己有罪。

現在的社會倫理和所持態度，都可以用來支持第三者認為自己無過錯的觀點。從現今的離婚趨勢與反覆離婚、再婚的現象來看，人們可以很容易便把重點放在「婚姻不是永久狀態」，「不管有沒有第三者，婚姻都有可能解體」。

有一名第三者說：

現在已婚和非婚的界線，看起來愈來愈像暫時的。就算他現在有婚姻，不代表六個月後，他還是已婚。即使他現在單身，可能六個月後就結婚了。已婚與非婚狀態是不斷轉化的。

有一種新的自我意識從人類潛能發展運動中產生，又被二戰後的富足所加強，這種自我意識進一步肯定了，幸福與個人成長是首要的事。比如，如果要獲得幸福意味得顛覆婚姻忠誠，那令人遺憾，但並不是錯的。根據現代心理學的說法，每個人都是獨立個體，此生不是來滿足任何人——除了自己。因此，丈夫「屬於」妻子、婚後為妻子所有的說法過時了。如果第三者對此有所質疑，覺得有罪惡感而去做心理諮商，或許就能從中解脫，因為經過新式心理學培訓的諮商師，強調的是第三者本身的快樂與成就。

我對我的牧師說了，他很支持我，還提出了許多有道理的點。他的想法很開明。我曾經覺得很不開心，心想這種關係真的是錯的，但是他說，他明白人們是如何捲入的，並且讓我知道為什麼這件事不怪我。

不過，讓第三者感到自己無罪的，不僅是「婚姻牽繫不可斷」這種社會觀念的轉變，也不只是同情婚外情的心理治療觀點。除了這些新的社會力量，女人們還可以去思考這段戀情是如何開始，如何發展的。大多數情況下，第三者並非刻意，而是不自覺地捲入其中，並非她們選擇要進入這段關係，也不是她們主動。她們並沒有預期自己捲入其中後，會如此地「身不由己」⑪。從廣義的社會倫理來看，如果一個人的行為是不由自主的，就會相對地被免於問罪。

不認為自己有罪是針對負罪感的第一重防線，如果要把戀情延續下去，這道防線是

⑪這些女人是在婚外情關係的不同時期中接受訪談，其中有些人正處於關係的常態性間隔中，也因為她們的解釋是如此相似，因此，她們的自述經歷不大可能造假。

必要的。不過，藉由花費心力來宣稱自己無辜，第三者也在不斷地提醒自己，社會對她是推定有罪的。

不存在的妻子？

隨著戀情的發展，可能會衍生幾種負罪感，比如：「我花了他老婆的錢」，「我讓他不能陪小孩」，「我改變了他」，或是「是我賴在這段關係裡的」。要阻止這些「我該受責備」的感覺產生的一個方法就是否認他妻子的存在⑫。已婚情人是提供妻子信息的主要來源，他可以確保妻子不在談話中出現。

● 他告訴我，他不會談他太太。在我看來，她並不存在，她也永遠不會知道我的存在。他說不提妻子是他的原則。他立下條件，而我接受條件。

● 他很小心地避免提起妻子，就算是談到他們一起去的旅行，他也是用「我」，而不是「我們」。

第三者自己也可以拒絕承認妻子的存在。

●他老婆並不存在。她就是不存在。

●我不曉得她的名字，而且我挑明了說，我不要知道她姓什麼叫什麼。我不想跟她有牽扯，不想讓她有名字。

●我不想認識她，因為認識了她，就和她有了關係。友誼也算一種默契，那會把情況變得太複雜，各種關係之間會產生矛盾。

我們可以看出女人強調友誼的重要性。女人之間的友誼被視為具有某種道德內涵，比如直率、脆弱和平等。與朋友的丈夫有關係是違反女性友誼原則的，又棘手，又複雜，不可能跟他的妻子有誠實、坦率的關係。

知道妻子的名字或者一些私密細節，會違反第三者心中「女性之間關係」的正當性。而不去認識他妻子，即拒絕承認妻子的存在，不讓妻子在她心裡成為一個具體存在的人，可以迴避掉這些問題。第三者是以這樣一個邏輯鏈，在心中豁免自己的罪責：

⑫否認自己有罪，否認妻子的存在，以及劃界策略，都是「壓抑型」壓力處理方式的例子。通常這些方法在情緒管理方面較見成效。

「不存在的妻子，不會有情感→若她沒有情感，就不會受傷→如果她不會受傷，我就沒有理由感到負罪。」

我總是需要面對自己「走在別人的領土上」的感覺，所以我試著不給他太太多少真實感。假如她不是真實的人，他的孩子們也都不是真實的，而假使我不是在花他們爸爸的錢，不是在跟他們的爸爸睡，防礙他回家，那我就不需要面對自己的良心不安了。這就是我不讓自己有罪惡感的方法。

透過否認妻子的真實存在消除負罪感，就像藉由否認飢餓的孩子和窮人是有面孔、有姓名、有個性的真實的人，杜絕給他們造成貧困所帶來的負罪感一樣。不過，要一直拒絕承認他的妻子是真實、有感知的人，相較之下困難得多了，因為眼前的情人等於不斷在提醒著他是有妻子的。不管多努力去否認那個妻子的真實性，現實還是不會讓她如願。

除了要面對負罪感，否認妻子的存在還有另一個原因：如果他沒有妻子，那她就有更大的自由去編寫自己的感情劇本，將焦點放在這段婚外情，而不去關注他的妻子與婚姻。

相互起衝突的各種情感，可能會破壞或改寫第三者的「劇本」主軸，亦即與他的戀情。而否認妻子的存在，就可以不必受這些情感拖累。

第三者把妻子從自己的祕密世界中驅逐出去，可以讓兩個女人的生活保持平行和分離，如此一來，她就可以把自己當成情侶中的一方，而不是三角戀情的其中一角，並因此自我感覺良好，對自己的戀情也感到美好。

不過，現實世界與祕密世界的徹底分離，並不總是可行，因為有時候她是認識妻子的。如果兩個女人之間的關係很短暫，偶然才有，她便可以拿出平常心面對妻子，就像對餐飲外送員、查水表的人，或是超市收銀員一樣。

● 他太太也是為政府工作，不過，是在另一個辦公室。我會打電話到他家，跟他太太說話。我把她當作另一個職員看待。

● 當時我在他的旅行社裡，她進來拿幾張票，等她走後，他告訴了我她是誰。這對我沒影響。

以劃界減少負罪感

第三者對情人生活中的那個重要人物如此漠視，是有一些代價的。當某些話題不能進一步再談的時候，懸宕的心思，將會妨礙她和情人之間完全坦誠。

另一個更嚴重的代價是，當第三者把妻子看成了物品，而不是一個「人」，便削弱了她的同理心，不但容易影響到與他人的互動，也會對未來的人際關係造成影響。

我擔心我變得對人愈來愈冷酷了。我不曉得以後還能不能和別人建立坦誠的關係，不管對方是女是男。我學會了如何避掉自己不想知道的事情，把自己「關機」。我變成了這樣的人。我就是這樣一個人。

而當第三者與妻子之間不僅偶爾才相遇的時候，要否認妻子的存在就不可能了。她轉而試圖把自己和情人的關係、和妻子的關係，當成分開的兩件事來看。

我的家庭和他的家庭有很多時間會在一起。當雙方的家人都在時，我就不把他當情人看，不往那方面去想；而只有他跟我在一起時，我就不去想他妻子。這似乎沒有影響到我和他妻子的友誼，因為她什麼都不知道。

女人在自己生活的不同舞台之間，築起了不透風的邊界，這種劃界方式可以減少負罪感。也就是說，除了現在所扮演的這個角色，對於別人以及其他的關係，她不去看，也不去想，當那些人不在「舞台」上的時候，便不在她的劇本裡。

如果這種劃界的做法成功，那麼，她就只會留存當下往來的情感，而排除掉嫉妒、負罪等感覺。「第三者」和「妻子的朋友」這兩個角色，她都能享受，證明了她不需要有負罪感，這就是劃界帶給她的最大好處。

然而，要維持與情人、情人妻子的平行關係，是有危險的。主要的一個危險就是，不知道妻子會不會在公開場合與她對質。

有個與情人以及他妻子是同事的第三者說：

她知道有個第三者，但她不曉得是我。我怕有一天，她會當著所有人的面找我對質。我在公開場合跟她在一起很不舒服。如果我的女性主義朋友們發現我是第三者，我會無地自容。

妻子會因丈夫外遇而感到受辱，但是身為元配，她也有力量藉由羞辱第三者（而不是羞辱丈夫）來報復。

只要做妻子的想要，可以把第三者的越界行為、第三者所引發的痛苦、第三者對她的孩子帶來的麻煩，以及第三者造成她整個家庭經濟困難的事，告訴每一個人，確實也有人這麼做。

而對第三者來說，當眾受到羞辱的風險總是存在，所以他的妻子是個威脅，擁有壓制這段婚外情的權威。如果兩個女人是同事或朋友，那麼第三者面臨的風險就更大，可能會賠上在職場和朋友間的名聲，丟了工作和友情。

如此說來，兩個女人都有可能傷害到對方。所以，我們可以這樣看待男人的外遇：在這種關係中，女人與女人對立，而那個男人所得到的好處比她們都多。

嫉妒的折磨

否認自己有罪，否認妻子的存在，以及在不同的人際關係之間劃界，這些方法對於第三者幫助自己控制負罪感很有用，儘管看不見的壓力仍在。不過，一個女人在婚外情中愈投入，她對情人妻子的嫉妒就愈會成為問題。

● 根據他所說的，他們很久沒有同房了，我是想相信他的。我認識他的時候，她懷著他們的老么，不是他睡沙發，就是她睡沙發，他們很少同床。雖然他們關係不親近，但想到他們睡同一張床也會讓我不舒服，因為我想要他和我一起在床上，我想要他在我身旁所帶來的溫暖和親近，然後我就會開始嫉妒。

● 如果去想：「他們是不是一起在床上？他說兩年沒跟她睡了，我能相信他嗎？」

那我就得拿麻醉劑來麻醉一下我的神經，因為這會讓我覺得快崩潰了。

嫉妒會消耗一個人的心力，激發偏執的妄想，並動搖戀情本質，所以第三者必須盡可能地控制並削弱這種情緒。減輕嫉妒心的一個辦法，就是貶抑情人的夫妻關係的重要性，將他的婚姻歸於習慣、法律或傳統。一旦拿掉了那段婚姻的意義，她就沒有理由再感到嫉妒和負罪。

- 他和我都是專一只愛一個人的。他和妻子睡在一起不算什麼。
- 我知道他跟她睡在一起，但那不代表什麼，就像刷牙一樣是一種習慣。
- 他必須和她睡，那是責任，也是義務。

把夫妻之間的性生活視為傳統的義務，就能降低其中「性」的重要性，想成僅僅是一種角色扮演，就像為妻子提供食宿和倒垃圾一樣，都是他既然結了婚就有的責任。這樣一來，他和妻子之間就不是性關係了，只是婚姻裡的必要，一點也不重要。

人們會想盡辦法把讓自己難受的事情變得沒那麼重要，所以第三者自然會貶抑情人與妻子的性關係。他說的是不是實話並不重要，重要的是，她相信他，相信他的妻子在性事上對他來說無關緊要。

儘管婚外情關係是因情人對妻子的背叛而生，但第三者不容易想到這個男人可能也在背叛她——他與妻子在情感和性方面的關係，可能比他所承認的更令他滿足，他們的性生活可能比他承認的更頻繁。

如果我去想他們關係好，就會嫉妒，覺得受傷。我想我一直在告訴自己，他們倆並不親近。我知道有時候他們會上床，如果不做的話，他老婆會起疑。

諷刺的是，她找藉口合理化情人與妻子的性生活，可能反而會鼓勵他繼續對妻子履行「做丈夫的責任」。第三者等於在暗地裡成了推手，而他順理成章地為了盡義務，符合社會期待。她也可以幻想自己是他們夫妻性關係的一部分：

●我們在這方面做了許多討論。有時候他跟我不能做到滿，這樣他回家後才能跟他太太做完全套。我明白我們當時只能如此，這對他和對我來說都不容易。我想，既然我們都不好過，那就這樣吧。

●他告訴我，他跟妻子做的時候，閉上眼睛幻想是跟我在一起。

他自我犧牲快感，他在性行為中進行性幻想，這些都讓她相信，情人與妻子做的一切，都是為了保全這段祕戀。

他得和她上床，否則她會起疑。

她藉著蔑視情人與妻子的性生活，來克制嫉妒，比如：他不是真的在跟他太太睡；他跟妻子上床，只是順著法律和傳統要求；他並不享受；為了防止妻子猜疑，他得和她做。在第三者心中，這段婚外情的重要性，超過了原本應該有的客觀和懷疑。

自欺欺人的心態：我比她強

這樣矮化情人妻子的地位是有代價的，其中的一個代價就是第三者會自己騙自己，不去承認情人婚姻的真正本質。

當女人在婚外情中陷得很深的時候，便會燃起「他會離開妻子」的期待，此時此刻，矮化妻子的角色對第三者尤其沒有好處。若她相信他不在乎妻子，那就可以相信他終究會離開妻子，她會受到鼓舞，等待他，有時候一等就是好幾年。但是，就算男人真的不愛妻子了，也不表示他願意放棄婚姻和小孩，這一點我們在後面會講到。

當第三者喜歡上、甚至愛上了情人，針對他妻子而生的強烈負面情緒，可能會進一步地升級，而她處理這些情緒的方法之一就是與他的妻子競爭。身為女人所經歷的社會化過程教會了她，為了爭奪男人的青睞，要把別的女人看作競爭對手。如果一個女人競爭失利，那是她自己的錯，她可能被同情，但不會獲得尊重。在第三者與情人妻子的競爭中，情人常常如此煽動她。

意識到女人的確會與女人作對的男人，他們會利用女性，利用她們的這個弱點，含沙射影，卑鄙地促使女人之間對立。

當他談及妻子時，總是隱含著把妻子和第三者相比較的意味，相較之下，第三者則「比他妻子強」。有一個事業型第三者，情人的妻子也是事業型女人，這個第三者說：

從他對我的讚美，我就知道我和他太太有多麼不同。他說我做事俐落，風格犀利，有趣，辦事能力強。而他太太會讓支票退票，家事也處理不好，從來都不會找樂子，也不懂得應酬。

一名小個頭，個性隨和的運動型猶太女人說：

他說他太太重九十公斤，才一百五十幾公分高，有氣喘和過敏，還是母老虎。她可能是個追求物質又自戀的女人，什麼事情都必須照她的意思，卻怎樣都難取悅她。她對他很挑剔。

男人用暗示的方法把兩個女人做比較，導出了女人之間的競爭。這是她和他妻子之間的私人決鬥，只不過那個妻子並不知情。決鬥武器是由男人挑的：美貌、智慧、健康、精明的生意頭腦、性魅力，以及同理心。這場競賽由他來制定規則，他來選擇參賽雙方，他來當裁判。

我以前從來沒對別的女人產生競爭心態，但是，我發現自己想要聽他說我和她有哪裡不同。不，不該說是不同，我想要他告訴我：我哪裡比他妻子強。

兩個女人之間這場第三者認為「自己正在贏」的競爭，使她按捺住嫉妒，多了自信。這樣的競爭，也讓她與情人的關係更緊密，因為她可以站在他這一邊，一起對抗他妻子，成為跟他一起指責那個妻子的盟友。她不用自己降格，同時能表達對他妻子的敵意。第三者帶有怒氣的惡意用詞可以被簡單解釋為，她只不過在支持情人而已，只是順著他，而不是為了在競爭中受他青睞。

她相信，這個情人是特別、獨特且絕好的。她從他那兒聽說他妻子有毛病，因而斷定他有個「壞妻子」。

● 她真的是個母老虎。

● 她是他不得不背負的十字架，控制欲強，物欲也強，愛抱怨，又嘮叨。她掌控了經濟大權。但是，他們倆沒有共同愛好。

● 她知道他的初戀，就因為這一點，公開給他難堪。

第三者殘存的負罪感，可以靠斷定「他的婚姻狀況很糟糕」來徹底消除。

● 他跟我說了他的婚姻實際上有多糟糕。她從來不說愛他，在床上沒有激情。她是個盡職的妻子和夠好的母親，但他總覺得少了點什麼。

● 我一點也不覺得有罪惡感。首先，他們的婚姻狀況很糟糕，他只能在心裡抹去她對他所做的一切，這些事很難去溝通，他想表達什麼情緒也很難。她會做那種最令人憎惡的事情，我好生氣，所以我一點也不覺得罪惡。

● 他和他太太不怎麼談話。我想，這麼多年過去了，他們之間已經沒有新話題了，或者她對他的工作和愛好失去了興趣。

婚姻的幫手？

根據現在的標準，如果一段婚姻中沒有性或缺少激情，雙方只是出於責任在一起，夫妻有爭執，或者夫妻之間不怎麼對話，這段婚姻就可以叫做「糟糕的婚姻」。而且，不管什麼類型的糟糕婚姻，人們都可以建立一套邏輯來把妻子定義為「過錯方」，因為妻子仍然被認為必須對婚姻的狀態負責。比如，在現代的雙薪家庭中，被認為導致婚姻出狀況的一方是妻子，而不是丈夫，因為「她把事業放在第一位」。

他們的婚姻是那種各自忙事業的，她沒有多少時間和他互動。他愛她，也愛我，但他太太並沒有為他們的婚姻而努力。

第三者相信情人的妻子對他不好，認為妻子不是對他太過分，就是該為他做的卻沒做到。這麼想能幫助第三者解釋，為什麼情人一方面是如此特別的好人，另一方面卻出軌。藉著明白「糟糕或空虛的是他的婚姻，而不是他」，她減輕了自己的矛盾感，並抹去了負罪感，而他被視為一位光榮的殉道者、背負十字架的人，也是有著不良妻子的高尚男人。

於是，她憑著一種特別荒謬的邏輯，來緩解負罪感和嫉妒心，發洩敵意，以及靠自認為「是在幫助，而不是傷害情人的婚姻」，來提升自信。

● 我覺得自己對他們的婚姻帶來了幫助。他們有好多小孩。他結紮之後，他太太認為她的生活完蛋了，她確實是這麼以為的。那時她真的完全無助，是我幫了他，才讓他能陪她度過那段危機。

● 如果真的搶走他，我會有罪惡感。但我沒有這麼想過。我不想要他，我是在協助維繫他們的婚姻。假如他離開妻子，我會轉頭就走。

● 我經常開玩笑說是我跟他在一起，而不是別的女人跟他在一起，這幫了他太太多大的忙啊，因為我總是保證讓他回去她身邊。我所有男人的婚姻都是完好的，這令我自豪。

把自己定義為「婚姻幫手」的第三者，有讓情人的婚姻維持下去的需要。大部分情況是，她不想和一個自由身的男人有永久關係。但諷刺的是，如果他的婚姻真是乏善可陳，或者是原本就快不行了，若她真是在協助他保持婚姻完整，那麼她就是在阻止情人面對現實，因為有了她配合共謀，他就不需要去直面婚姻的空虛，以及自己的欺騙行徑。

●在他的婚姻裡，除了房子和小孩，就沒剩什麼了。我是說，如今他們再也不在乎彼此。但是他不想離開妻子，那對她不公平。為了他能留在婚姻中，我給了他需要的情感出口。

●我不覺得他的婚姻狀況很糟，他只是空虛。在他的年代，猶太女人嫁人，是為了找一個好父親和好的養家者；男人娶女人，則是為了找一個能做好雞湯的好廚師，與一位好母親。

由於文化觀感已預設做丈夫的反正會出軌，也預設丈夫有權利擁有一段「好的」男女關係，因此，沒想破壞別人家庭的第三者可以把自己視為妻子的同盟，是幫助妻子維繫婚姻的治療者。助人者通常比需要協助者優越，幫助情人解決他和妻子之間的問題，有拉抬第三者地位的作用。而親自給予妻子協助，把這個地位提升得更高了。

她打電話到我的公司，因為我和她丈夫在一起而對我尖叫。她說：「你以為你是哪根蔥?!」我同情她，試著鼓勵她去找工作，或者找點她感興趣的事去做。我想，那可能會讓她在他眼裡更有吸引力。我建議她去做心理諮商。

第三者就像戴著善人面具，把自己置於比妻子高的地位，居高臨下地認為他妻子是需要憐憫或幫助的對象，而自己是慷慨地提供協助。妻子的憤怒可以被轉換，甚至可能被壓抑，第三者可以透過控制住他妻子的情緒，讓她不當眾吵鬧，而自覺高人一等。

不過，這種情況難以一直維持下去，尤其是假使妻子堅定地不斷為奪回丈夫而「戰鬥」。

如果妻子堅持要戰鬥，第三者即使本沒有興趣搶丈夫，此時也會覺得向妻子發洩敵意是理所當然，因為「兩個女人爭一個男人」的事情已經被公開了，她身為女人的自尊受到了威脅。

● 爭奪一個男人並且能贏得勝利，這是有意義的。

● 她一直沒完沒了，我對她無話可說了。她是個潑婦。她為他而戰，讓他變得更自負，但她配不上他。

於是，「幫助」他妻子，成了中傷他妻子的前奏，正如對窮人的慈善安排往往是鄙視的開端，因為他們拒絕被「幫助」，或者更準確地說，拒絕被控制。

把妻子當成外遇的「共謀者」

在第三者自認為是協助的方式中，最令人費解的一種是，認定情人的妻子是自甘受騙。一方面，她透過與丈夫上床來「幫助」妻子，另一方面，又不說破。

有一個女人在情人結婚前就認識他的妻子。這個女人在情人婚前和婚後，都與他有關係，她說：

我每次放假和每個夏天都跟他們在一起。他太太總是很高興有我在，因為我在的時候，他的心情特別好，有我在，他不會那麼生氣和沮喪。我是他聰慧的靈魂伴侶，也是他們孩子的教母。我在的時候，他和她睡。但是她會怎麼做呢，她會很「方便」地消失一個星期，或者讓我和他一起離開。她一定能感覺到我們倆之間不是柏拉圖式的，但他從未對她說。他說，告訴她沒意義，她可能本來就曉得，還說她不嫉妒。我一直不曉得她到底知道些什麼，我們也沒談過這個話題。

妻子們和第三者一樣，對於不想看到的事物，都很擅長否認它是真實存在著，把自己生活中的各個部分劃界隔開，擅長漠視和不信，視自己為協助者和孕育者。無論處於何種婚姻狀態，為了好好經營生活，女人都必須學會這些。但是，第三者並不會察覺到，自己和妻子同樣都是為了讓生活顯得合理、有意義，而試著去處理與那個男人的關係。

當第三者把「共謀者」的身分推給妻子，暗指妻子是故意縱容丈夫外遇時，忽視了一種可能性：被她當作共謀行為的，實際上可能是出於「信任」——妻子信任丈夫與朋友或同事之間，真的如其所宣稱只是朋友、同事。或者，做妻子的是故意選擇性地無視丈夫的不忠，以保全婚姻，也許是認為一旦揭發真相，將會引爆婚姻危機。

負罪感可能會破壞婚姻，而裝作不曉得丈夫在做什麼，可以逃避丈夫的負罪感引發的複雜後果。妻子的策略可能是靜觀其變，不去公開承認自己知情。

第三者說服自己相信「妻子樂意讓丈夫出軌」，可以帶給自己不小的好處。他們的婚外情變得既禁忌，同時又非禁忌，因為雖然社會不認可，但是他的妻子接受，使得這段外遇變得更自由、更安全，負罪感、嫉妒與敵意都可能被壓抑下來，因為他的妻子願意如此——「他太太對他來說不重要」；「他老婆不干涉我們的婚外情」。最重要的是，妻子的權威消散了。

藉著對他的妻子扣上「共謀者」的帽子，「責備受害人」，第三者去掉了元配帶來的道德壓迫與實際威脅，比如公開讓自己出醜的威脅，以及設計終結掉這段戀情。

有人可能會認為，新的女性主義意識可以讓女人對負罪感有嶄新理解，期望第三者覺得跟其他女人的丈夫上床是破壞姊妹情誼，分裂女性的。但大體而言，女性主義既未防止女人與有婦之夫產生關係，也沒有在女人心中形成新型態的負罪感，只是給了第三者一種新的方法來看待妻子，平撫自己的良心不安。

有一名第三者是女性主義者，她很清楚塑造女性命運的種種社會動力及社會心理驅力，明白自己和情人的妻子經歷了相似的社會化過程，而且以相似的形式被社會控制著。

根據女性主義的信念，女人有權利定義自己要怎麼過生活，選擇自己的命運。理論上，每個女人的個人經歷與感受都是真確的，由此而生的命題就是：在開始真正帶有性關係的婚外情之前，要瞭解妻子若發現丈夫和別的女人在一起，會有怎樣的感受。如果妻子認可，那麼這種關係就是可以的。

不過，與女性主義宗旨相反的是，第三者通常是透過情人的說法來瞭解他妻子。她讓一個男人來告訴她，另一個女人的感受是什麼樣的。她讓他來定義他的妻子，並且把他所說的當作事實。

我問他，他太太對我們在一起有什麼想法。他告訴我，她是女性主義詩人，會歡迎我做她的姊妹。他還說她已經有十年不願意跟他發生關係了。他說只要他不干涉妻子，她也不會關心他在做什麼。他還說妻子相信他不會離開她，因為他愛他們的兒子。

在認識男人兩年後，這個第三者第一次和他發生關係，然後她對他妻子的認同感飆升了，但她還是繼續接受情人所描述的妻子。

我們用各種可以想到的方式做，做了一整晚，但我從來沒感覺我們真是在做，他什麼技巧都懂，但是不帶感情。我突然與他妻子感同身受，變得理解她了，因為自從那天晚上之後，我也一樣再也不想和他上床。

這個女人相信情人，相信他們夫妻之間無性是因為妻子拒絕。不管她所相信的是不是事實，她是以自己和情人的性經驗作為基礎，來同理及認同他妻子，如此便一舉消除了原本殘存的負罪感與恐懼感，因為妻子的困境不是她造成的，情人才是那個罪人。

她既要幫助自己認同的妻子，同時也想促使自己的戀情進展更順利，有一個方法，就是「教育」情人接受女性主義思想。

● 我試圖讓他察覺到，他控制太太的生活已經十五年了。

●他告訴我，他們沒有共同點，他太太的教育程度低，大學退學。我認為他應該為此負一部分責任，我也是這樣告訴他的。雖然他不承認，但是依我看，他是想要擁有一個傳統的妻子。他讓她照顧他和孩子，還有他們那棟小房子。

藉由提升情人的自覺，並且相信自己是在幫助妻子，第三者消滅了自己的負罪感和嫉妒，也提升了自我價值感。

只有在一些很少見的情況下，女性主義的大帽子才會引導她把自己這段婚外情，定義為「反女性」，導致女性之間的分裂，並且讓女人視彼此為敵人的行為。

●老實說，他太太和我永遠都不可能親近，隨著我的女性主義信念加深，這對我來說也變得愈來愈不容易。我是女性主義者，有一點困擾著我，就是我給了他對付妻子的力量，即使我已經不再和他見面了，但我仍繼續賦予他這種力量。我像是一項武器。男人的確會把女人當成武器來對付他想要傷害的另一個女人，我深深厭惡這一點。他對我的利用，我看得很清楚，他對我說他太太嫉妒了，這麼講的時候，他表現出一絲勝利感。

●他將我蒙在鼓裡，把我當成攻擊他太太的武器。夫妻倆只要起爭執，他就把我當成完美女人的例子提起，這讓我非常憤怒。我從來沒那麼氣過一個男人。

當情況逐漸失控……

一旦第三者完整地運用女性主義來分析情勢，婚外情關係將非常難以延續下去，因為這對於女人的自尊和自我形象的影響太大了。

既是第三者，又是一個重視女人，不想賦予男人力量來對付其他女性，也不想分化女性的女人，這不可能，兩種身分並不相容。她會因妻子的存在而感到負罪，會為兩個女人被動地陷入爭鬥而傷感，會對情人感到憤怒。女性主義的審視，會變成她身為「前第三者」繼續生存下去的手段。

但是，極少有女人會利用女性運動信念讓自己從婚外情之中解脫，即使是女性主義者也不例外。

相反地，她們會運用現代社會所謂的「覺醒」，將婚外情合理化，以減輕負罪感、嫉妒心和敵意。

她們不把自己看成罪人，並且會否認妻子的存在。如果否認不了，就把妻子隔離至自己的戀情界線之外。

她們矮化情人與妻子的關係，既責怪妻子，又試圖協助元配提升自我意識，以及提升情人的自覺，想弄清楚妻子對丈夫出軌的感受。

但是，第三者對於自己試圖改變看法，或者選擇性地只看到戀情的某些部分是有自覺的，這表示她們清楚自己在做什麼，也明白這麼做是必要的。因此，她們無法完全否認戀情中那些令人失望、不誠實的欺瞞成分。即使所用的種種方法有助於維繫感情，但是，並不能杜絕她們在戀情中面臨的問題：在婚外情關係中，第三者常常可能產生失去控制的感覺。

第七章

失去控制的感覺

她的時間，由他掌控

第三者是情人生活中那個「另外的」女人。她的重要性低，特權也很少，不能對情人有什麼指望，在戀愛關係中的權力比他小。因而到最後，她會發現自己對情人的幻想破滅了，並且對自己失望，原來想像中那個能夠創造理想男女關係的不敗世界，不是金子所鑄成，而是黃銅製的，還會生鏽。

諷刺的是，時間限制、隱私性與祕密性，這些當初使兩人關係變得如此特別的因子，如今成了導致她「感覺很糟」的原因。

就連「決定兩人共度時光的頻率和時間長度」這種基本的事情，也成為痛苦與怨恨之源。由於兩人何時能在一起、在一起多久，是由男人的自由時間決定的，因此，她失去了對自己的時間的掌控權。

當人們觀察任何社會關係時都可發現：決定何時相會、見面時間多長的那一方，是權力更大的一方——比如是醫師做決定，而不是病人；是神父定奪，而不是求神的人；是老師，而不是學生。雖然男女之間何時相會、相聚多久，常常是由男人決定，但第三者的時間往往可能完全屈服於情人的掌控，使她感到受限，失去力量，更可能會感到自己沒有價值。

情人之所以能控制她的時間，部分原因在於他是男人。在傳統上，社會認可不管女性當下在做什麼，男性都有權利打斷，無論她是在輕鬆交談還是深入懇談，是休息或工作。儘管有了婦女運動，男人的這項權利基本上還是沒有受到動搖。而且由於這個情人不僅是男人，還是個已婚男人，她的生活會頻繁遭受無法預料的打擾。一切以他的自由時間為優先。

● 我從來都無法確定他什麼時候有空。他會打電話到我的公司，有時候這表示我得趁著中午休息時間，花二十分鐘衝去城市的另一邊，再花二十分鐘衝回來。我不喜歡那樣，但為了他是值得的。

● 我們的關係有個致命的缺點，那就是他是真正占據主導地位的人，即使在我以為是自己主導時也一樣。是他在決定什麼時候見面，而最後當他決定要見面時，就認為我應該在他過來的時候，停下我正在做的事，雖然他曉得我的工作是有時間性的。他真的很不尊重我的工作對我有多重要。

整體上，無論是在對話、工作，還是睡眠時間方面，女人並沒有同等的權力來打斷男人，而第三者擁有的權力更少，無論她的需要是什麼，相對來說，都沒有立場要求支配情人的時間。

●我想要他的時候，得不到他。如果我有需要——需要跟他在一起、他的擁抱，但是和他的時間表搭不上，我就得不到滿足。

●根據我的行程表，原本我可以在他那裡再待一週，但他說他已經有了我要離開的心理準備，最好還是按照他原本的計畫。我覺得自己毫無控制權。雖然我想待在那裡，不管有沒有他陪，我都想待在那裡，但他就那樣開車送我去機場了。我試著想清楚他是怎麼得到支配我，「他要我走，我就得走」的權力。

他的權力比她大，身為男人的另一項特權就是可以決定相聚的時間何時結束。她不知不覺地任憑情人按照他的時間表，把她送去機場。多年以來所經歷的社會化，教女人要溫和、友好，這表示情人的需要比她的優先，而他的決定也比她自發的想法優先。

「男人有權控制女人的時間」這種文化是如此地強大，即使是遠距離的婚外情，情人也可以掌控第三者的時間。

●每個禮拜五晚上十點，他會打電話給我，當成我們的週五晚間約會。可是過了一陣子，我開始厭惡我的自由來去被他的電話所控制。他是在遠距離控制我。

●以前到了星期五，我會早點離開公司，和一個女性朋友去山上，但現在我很少能去了。我把我的年假、病假和加班的補假都留起來，這樣如果他突然來我住的城市，我就可以用那些假跟他在一起。

情感與心理失衡

當一個人無法確定自己什麼時候會被喚過去、什麼時候會被打發走，將導致情感上與心理上的失衡。由於沒辦法預料下一步將發生什麼，會使人感到愈來愈不能掌控自己的生活。一個人在心理、情感和經濟上的依賴度愈高，無力感也愈強，愈會認為沒有能力改變自己的生活。

事實上，這些技巧一直被歷史上心胸狹隘的暴君和沒有安全感的上級所用。也許已婚男人也在不自覺地使用這些技巧，對於何時會面不給準確的信息，臨時改變計畫，不願意保證自己隨時都在，卻要求她隨時在。

●說好了他要陪我去參加高中同學會，這種場合你是不想一個人去的。後來他告訴我，他不去了。我本來想說：「沒關係。」並且不哭出來，但是我想我厭倦了勇敢、堅強。我哭了，因為失望。我問自己為什麼要忍受這些，但我不斷地想著，我那麼愛他，他的工作和妻子已經讓他夠忙了，我不應該再向他要求什麼了。

●我不喜歡的是，我一切都準備好了，結果他經常取消約會，我覺得好苦。我從來都無法確定他什麼時候會和我出去，什麼時候會把約會取消。有時候，我覺得自己再也繼續不下去，再也忍受不了了，但我對他的感情那麼強烈。

被迫放棄對自己時間的掌控權，激起了她的憤怒、憎惡、失望和抑鬱。既然會產生這些負面情緒，為什麼她還要允許情人主宰她的時間呢？為什麼這些女性可以獨立賺錢，可以做一名獨立的朋友，自己的時間卻要圍繞著男人來安排呢？

部分原因是她們變得很喜歡情人，正如她們一直表達的，覺得失去情人比失去對時間的掌控權更痛苦。

不過，當女人進入浪漫關係之前，即使是情感較疏離的女性，男性也仍然掌控著兩人在一起的時間，因為女人想當然地認為「男人會那麼做，也應該那麼做」。在社會化過程中，女性學會接受了掌控時間是正常的男性行為。一開始，她會因男人打電話給自己而激動，而很快地，便會覺得他是在溫和地表達關心、喜愛與關照。

一旦她接受由他負責決定何時約會、何時通電話，這種模式就固定下來了。若她不特別要求，他就會保留此項特權。即使女人真的就這一點提出挑戰，他也很可能抗拒，不讓她改變現狀。

假使男人一直掌控著女人生命中的分分秒秒，他也就可以侵占女人的日日夜夜、月月年年，因為在這個問題上，並沒有任何標準來為他的行為劃出界線。沒有任何規範說明一旦他如此行使特權，就代表不再關心女人，而是剝削。

雖然女人接受了由男人決定及發起聯繫，但她並未預料到後果。這種事，無法未卜先知。沒有關於第三者的速成班，也沒有「過去的第三者」的故事清單。她可能沒有料到，當屬於他倆的約會時間結束，而他回家找妻子的時候，自己心裡的那種反覆而劇烈的孤獨感。

● 我們度過了一段美麗的蜜月後，他就要回家了，回到妻子、小孩的身邊，感覺就好像我們融為一體了，卻不能再繼續下去。我們倆明明在一起，我卻必須和別人分享他，這種痛苦令我難以忍受。這是我們的關係中最糟糕的地方。

●我還有什麼可失去的呢？如果我們分手，我就是孤單一人了。他還能回家，回到別人的身邊去。不管家裡的情況是好是壞，他還是能回去，回去某個位置上，回到他的生活常軌。不管是好是壞，他家裡總是有個人。我是孤單一人，而他不是。我總是在哭。

通常，獨居女人抱怨的一個主要問題就是，她們總感到自己是一個人——這常常意味著「孤獨」，也經常被看作是單身生活的一個主要壞處。

在婚外情的早期，可以使女人在一定程度上逃脫孤獨感，但是發展到後來，當與他變得更親密，她便無預警地深深陷入了被拋棄的感覺。

這一點，和可以把離別當作「甜蜜的憂傷」的愛侶們不同。與情人離別以便他回到另一個女人——妻子的身邊去，是毫無甜蜜可言的，「明天」也未必會把情人帶回她身邊。

事實上，他一貫地在某些日子缺席，比如週末，這深深地影響著她。她知道，或者她相信，朋友們週末時大多是和情人在一起，以一般的方式共度週末。但她不一樣。每個禮拜當週末到來，都不斷地提醒著她：她的時間，她的生活，被另一個不在場的人所控制著。

●有時他確實能在週末擠出一點時間，而且我想要見他，所以，我不會在週末安排太多事情。有些週末，感覺真的很差，我想我再也無去這樣下去了，但我不想失去他。我愛他。

●我記得有一個星期天，他說他或許會打電話來，可能會過來。那天下了一整天的雨，我就躺在沙發上看電視，變得愈來愈難過，因為他一直沒有來電話。

不被尊重的感覺

與普通戀愛關係中計畫內的常規活動不同，第三者的戀情是飄忽不定，時斷時續。她沒有料到「情人何時有空的問題」，對她的生活會形成多大的限制。她沒有料到，被迫日復一日、週復一週地根據情人的計畫來調整自己的時間，會改變她原本的生活模式，只為了在他擠得出時間的時候，她也能有空。她也沒有料到，等待和被放鴿子，會帶給她無力感。

無法計畫自己的時間而導致的無能感，與她對節日的感受形成鮮明對比。從一開始，她就知道情人會與家人一起過節，也曉得自己在節日裡會是一個人，對此，她已做好準備，明白當天會是什麼情況。

● 他總是和他的家人過節。我有其他朋友和事情，遇到節日，我總是有一大票朋友。

● 我從未把他列入一起過節的主要名單中。我跟我的侄子、侄女很親，我就是那麼過節的，和他們在一起。

由於預期到節日會比較難受，所以她可以自己做計畫，而且也確實這麼做。節日對她來說，就像是放一個不用受他制約的假一樣。諷刺的是，男人能送給她的大禮，就是保證不占據她的時間。

原本說好的事情取消了，遲到，提前離開，或者乾脆不來，不打電話……通常這些不僅意味著對別人時間的不尊重，也表示對他自己不尊重。

對於受到這種忽視的第三者來說，除了時間表和自尊心面臨危機，原以為找到了理想男女關係的幻想也面臨危機。不管這段理想的男女關係是浪漫愛的變奏、平等的關係，還是其他故事的版本，大部分第三者會發現，隨著時間的推移，她們被自己的幻想耍弄了，因為已婚情人的實際行為證明了這段戀情並不美好。無論是她的感情或她本人，都無法得到他深深的尊重。

他可能不尊重她的部分原因是「她是個第三者」，這種身分是受文化所汙名的，被判斷為不正當、有罪的。對任何一個男人來說，要完全脫離這些文化刻板印象很難，就算他有和外遇對象直接相處的經驗也一樣。無論她是多麼「好」的女人，不管她多聰明、美麗、善良、性感及有同理心，「第三者」還是一個被汙名化的身分。

有個開了七百公里路程去與已婚情人相聚的女人說：

為了去他那裡，我開了好久的車。我到了，但他對整件事的態度都很傷人，我真的感覺自己是「第三者」。我打電話到他工作的地方，他安排了一個地點會面，得開鄉間小路。我終於找到了那裡，我們去了一家汽車旅館，上床，聊了一會兒，接著他就回家了。那裡是費城，我以為他會安排我待在城裡，他卻說：「呃，我可不希望你出現在我家門口。」他說「你」的語氣裡，帶著一絲嘲諷。

男人可能不全然尊重她的另一個原因是，他對自己的不忠有負罪感，並且把第三者看成自己出軌的起因。如果他因自己的婚外情而不安，因為怕被發現而感到羞恥和恐懼，就可能表現出不理會她的需要和感受，以發洩自己的不良感覺。

有個女人在出差開會期間，與已婚情人在旅館合住一間房，她說：

電話鈴響的時候，我不能接電話。走在街上，他不肯牽我的手。在電梯裡，他假裝不認識我。最後一天早上他準備離開，我們整理行李時，發現他的兩件襯衫上有我的化妝品漬，是白襯衫，他就把它們放在牆角。我說：「你忘了拿你的襯衫。」他說：「不是，我不能把這些衣服帶回家。」這讓我有一點「我不乾淨」的感覺。他把我放在「第三者」的地位。

還有一個丈夫，妻子懷疑他有外遇，他對在一起的第三者說：

我告訴我太太說那個人不是你。我是要維護你的名聲。

在這種情境下，是男人自己對婚外情的不安，讓他冒出「第三者的名譽需要保護」的想法。由於這樣的戀情不被社會認可，是祕密進行的，因此，他可以把第三者視為「壞人」，是具有潛在危險性的人。或許男人相信自己也是道德的棄兒，便可能把情人定義為罪惡和亂性的一方，來減輕自己的負罪感，彷彿朝她扔石頭能夠贖自己出軌的罪。

如果他的攻擊正中要害，將帶給女人極大的困惑和苦悶。而若是成功地激發了她的負罪感，他便可以放心去確認女人對自己的忠誠。她的難過正中他下懷。

他打電話給我，指責我到處亂搞，還說他知道我在到處亂搞。我一直是在家裡看書。我最後在電話裡為自己辯解了，但我掛斷電話之後，非常有罪惡感。真不懂我為什麼沒有去找男人呢？我想，可能我是應該這麼做。我做過嗎？可能是在我夢遊時吧。我已經到了這種地步，就算只是跟另一個男人說話，都有罪惡感。我會想：哎呀！我又要聽到他罵人了。或者，心裡的罪惡感會強烈到讓我非把這件事告訴他不可。

身體虐待和精神虐待

過一段時間之後，第三者對自己的生活以及自己的時間的掌控感消失了，自尊受了傷。祕密性、隱私性與時間限制，這些曾讓她的戀情顯得如此特別的因子，如今在打壓她的自我價值感，消耗她的心力，占據了她的時間。

但還有其他更糟的狀況：由於這個第三者身分，她可能遭受情人的身體虐待和精神虐待。有的男人對妻子感到負罪，還有的男人看不起和他在一起的這個「壞女人」。不管是哪種情況，男人這種暗流湧動的情感有可能爆發為肢體暴力或精神暴力，對第三者不忠，再去找別的第三者。

男人做出肢體暴力的舉動，往往是女人在心理和經濟上的依賴性較強的關係中。比如，妻子因為在經濟上倚賴丈夫，所以和家暴丈夫維持著婚姻，她相信自己是自找的，相信自己在某種意義上活該被虐待，因為他經常都是「那麼好」的人。在心理上及經濟上依賴情人的第三者更容易被虐待，更傾向於待在虐待關係中，不離開。

有個年輕主管的經歷可以說明這一點，她正是遭毆打的第三者。她受雇擔任管理職，卻沒有該職位所需要的教育程度與工作經驗。雇用她的男人，也就是她的老闆，變成了施虐的情人。

一開始，我受到許多撫慰，也產生很多事業上的自信。他很會討好女人，真的很會，他閱歷豐富，說話很斯文。剛開始那三年，我過得很快樂。但是，當我變得愈來愈能幹，變得更有魅力，變瘦了，他也更沒有安全感。現實就是他還是已婚狀態，他可以給我的，可能不如別人能給我的多。

剛開始那幾年，她受到一些身體的暴力對待，但是「只有一次」，「以她的標準來看」，她被「非常嚴重地虐待了」——她「被打過來揍過去，被揪住頭髮，弄出瘀青……」。而她把自己「被痛打、被拋擲」歸咎於男人壓力大，因為他已婚，不確定她還會跟自己多久。後來，男人和妻子分居了，跟她同居。

我以為情況會好轉，因為沒了壓力，他會對我感到更有安全感，情況會很美好。接著突然間，他說我爛透了，說我對他的需求不夠敏感。起因可以是任何事，比如把馬桶座放下來、接電話之類的，他會瞬間立刻變臉，很變態。

年輕女人雖然不是妻子，卻在經濟上依賴這個虐待自己的老闆兼情人，和他分手也代表失業。

事實上，她真的失去了工作。他解雇了她，然後雇用另一個單身女人，跟那個女人也有了戀情。她在不知不覺中更深陷精神依賴的陷阱，認為自己又蠢、又笨，又遲鈍。

他像養白老鼠一樣把她留在身邊，一下子對她好，一下子給她懲罰——這種獎懲方式可以促使實驗動物和人類服從。和其他被毆打的女人一樣，她相信情況會好轉，也相信他是好人，他偶爾失常都是因為自己不好，並且相信，自己需要他才能活下去。

其他的女人

對第三者的虐待可以透過另一種方式——他還有其他女人。

這對於第三者來說尤其痛苦，因為她終究是個女人，而女人往往容易把男人的不忠歸咎於是自己不好，認為男人出軌是因為自己在某方面做得不夠。如果情人有別的女人，婚外情給第三者帶來「我是有魅力的」強大自信會被不安全感所取代。若這種缺少自信的心態繼續加重，她會感到戀情變脆弱，而自己變得更無力，因為她會去想像自己戰勝不了的對手——其他女人。

被取代與被背叛，通常會帶給女人明顯的身體與情感痛苦。不過，在強烈感覺自己遭到背叛的情況下，女人和男人的反應不一樣。男人傾向於終結這種關係，致力於重建自信；而女人更傾向於接受羞辱，壓抑自尊心，繼續試圖修復這段毀損了的關係。

第三者的做法也類似，即使她發現自己不是男人生活中的第二個女人，而是第三個、第四個、第五個……她還是可能會試著去挽回這段關係。

●如果他只有一個跟他關係不怎麼樣的妻子，我會感覺好一點。但是他還有一個決定要一輩子和他在一起的女人。而且，還有另一個女人，他剛剛開始和她發展關係。

●我終於知道為什麼我常常有陰道感染了，當時他在上三、四個不同的女人！

●他的朋友告訴我，除了我之外，他還釣著十二個女人。那天晚上他過來的時候，我把他朋友的話告訴他，原以為他一定會說「他說謊」，可是他拿出一大串鑰匙，一把一把地點名說：「這把鑰匙開珍妮家的門，這一把開愛麗絲家，這把是開迪特麗家的……」名單一長串。

這種痛苦和羞辱並未轉化為結束關係的行動，反而讓女人覺得應該由自己來修復關係。於是，她繼續與情人約會，即使她的自我價值感和個人能力感都降低了。拿一大串鑰匙的那個男人，情婦在試著取悅他，接受他不忠，想要重新成為他心中的「女神」卻失敗之後，精神崩潰了。

像其他遭背叛的女人一樣，第三者會經歷強烈的痛苦與失落感。情人的背叛，讓她失去「我的戀情是特別、獨一無二的」、「我的情人棒透了」的幻想，這帶給她劇烈痛苦，使她再也沒了自信，「我在他眼裡，變得和他太太一樣了嗎？他在和另外那個女人談論我嗎？除了這個，他還瞞著我什麼事？」

女人對於關係中的細微變化通常更敏感，也比男人更容易感到嫉妒。一旦女人嫉妒的潛力啟動，任何對她的小小違逆或者她所認為的怠慢，都會使她更嫉妒。他做了什麼事，或者沒做什麼事，都可以激起她的懷疑。

● 工作小組中還有其他女人，我感覺到他跟我們所有人都有一腿。我沒有確實的證據，即使到現在，我也不曉得到底有沒有。就是那種：你覺得是這樣，但你解釋不清這感覺是怎麼來的。

● 他可能同時釣著三、四個別的女孩，我相信真是如此，因為他一和妻子分居，情況就變得有鬼，有證據顯示他身邊還有其他女人。比如他說：「呃，這週末我會很忙，所以不能去見你了。」或者：「我姨媽從別的城市來我這裡過母親節。」直覺告訴我，永遠不能相信他。我應該相信直覺。有時候會有怪電話，很明顯地，他總能自圓其說。

但是，由於嫉妒的情感具有強大破壞力，第三者會和妻子一樣，極力否認事實。她寧願相信情人對自己忠誠，而他的古怪舉止和其他問題都是別的原因造成的，例如他的缺席、疲勞或者敏感易怒，可以歸咎於家庭與工作的重負。然而，一旦無法再否認他的不忠，強烈的憤怒、痛苦和恐懼感就爆發了。

我打電話到芝加哥給他，那個時間本來不應該打去的。是一個女人接的，我感到好混亂，因為我有感覺，這個女人對他比我還重要。我為自己這麼蠢而憤怒。天哪！我被騙了。所有的徵兆都擺在那裡，但我沒有去解讀，我想我是不願意吧。比如我讓他週末離開，但其實週一他才有公事要辦。或者，他不准我打電話給他，或是他回來太累了，不能滿足我。感覺就好像我是他老婆，而他是在忍受我，同時對我不忠。

另一個在情人婚前就已經與他有關係的第三者說：

他結婚的那天晚上，我真的崩潰了，心情糟透了，可是，我們又繼續交往了五年。後來，他的婚姻出了狀況，又給了我希望。我像平常那樣到他那裡去度假，那天，他讓我靠著壁爐，告訴我，他要離婚了，然後要和高中時的女友結婚，但他還是想跟我繼續，太不可思議了！我哭個不停。

無論第三者抱著什麼樣的理想，像是：這段關係很特別；他是個身穿閃光鎧甲的騎士；他會離開他太太……都因為男人的欺騙行為而灰飛煙滅。她不僅承受了情人的不忠，幻想也被騙走了。這個被她定義為道德模範的「誠實」男人欺騙了她，就像欺騙他妻子一樣。

這是夢想之死。

夢想之死

其他的夢想也可能會在婚外情關係中破滅，比如「想要成為什麼樣的人」。身為第三者，女人可能把這段婚外情當作完成個人目標、實現個人成長的機會，比如認為這段關係可以與自己其他的人生計畫契合，像是：完成學業，發展事業。如果沒能實現目標，則會因為未實現自我期許，而對自己失望。

若婚外情的發展失控，比原本所想像的更耗費時間、心力，那麼，她會感到失去了對自己人生的掌握和控制能力，而這些原本是她自身理想形象的一部分。

最糟糕的是心力的流失和情感的榨乾，我覺得自己筋疲力竭，好累。我花了很大的精神來保有這段關係，也耗費了心力去應付無法預料的傷害，結果，這段關係讓我在事業和生活上，都付出了很大的代價。

這些處境類似的女人們，都自責不會看人，認為沒能運用這場戀愛關係來實現其他目標是自己的失敗，因而對自己感到失望。

有的第三者把婚外情看作是以不同方式與男人互動的嘗試機會，最後可能會對自我做出嚴苛批判。如果跟已婚男人在一起，還是沒能改變自己舊有的行為模式，她們會認為問題出在自己身上。

我發現一切還是跟我以前的關係模式一樣。我覺得自己很差勁，覺得自己從來都不夠好。我一直怕他認為我又傻、又笨、粗魯、沒水準又沒創意等等。

雖然她期待並且也有機會選擇一段「安全的」關係，但她還是回到了與男人交往的舊有模式，自認為沒有男性聰明，不如他們有創意。

由於女人在和已婚男人的戀愛關係中，有太多機會可以演練不同的角色，因此，也很有可能無法達到對自己的期望。關係的失敗更帶來了懊惱，因為她們認為在這種關係中，自己原該可以做到在一般戀愛中所做不到的。若想拿過去那一套來解釋自己做得不足之處，是行不通的。

由於單身女人和已婚男人之間的關係，提供了發展親密性的很大可能，所以如果原本情感疏離的女人，在婚外情關係中仍然沒有克服這個問題，容易認為自己永遠沒有能力去愛。

● 我的感覺很強烈，但我不能開口告訴他。能夠愛人是很珍貴的事。我很不善於付出，就算我想，也做不到。我並沒有改變，還是在親密感方面有障礙，會抗拒那種親密。

● 我最討厭的男人身上的那些特質：冷酷、算計、麻木，我自己都有了。不知道我這輩子能不能學會愛人，並且善於付出。

時間繼續前進，不會暫停。女人失去的時光，應該由理想的戀情與理想自我的實現來彌補。如果這種時間與理想的交易達成，想像實現，當她結束這段關係時，將變得更強大，那麼，時間流逝所帶來的痛苦和憤怒就可以減至最少。但是，假如實際的關係並不能滿足她的期待，所謂的「理想情人」其實只是普通人，有缺陷，或者是個混混，而她試圖從中發現的那個「自我」也未成真，那麼，憤怒和厭惡將如排山倒海般襲向她。

我幻想著用兩種方法殺了他。第一種：我很希望站在他面前，用槍抵住他射死他，就這麼用痛苦的方式殺了他。另一種方法：我想讓他慢慢死去，而且不是身體的死亡，我希望毀掉他的聲譽，他的自信心，我要毀了他的生活，正如他毀了我的一樣。他奪走了我的一切，我的青春和夢想。誰都會認為像他這樣過日子的人應該去死，應該被槍斃。我天天都看報紙上的訃聞確認他死了沒有，就是為了等著瞧，等著瞧。

走向終點

大部分女人的憤怒、痛苦和受辱感沒那麼極端，但是，很少有人能逃脫虛度光陰的感覺，以及對自己和情人失望的感受。

情人的時間表決定著第三者的時間表，透過控制她的時間，也控制了她的生活，這是她沒有想到的。由於她是被汙名化的第三者身分，情人隨時可以對她忽視、打壓，甚至虐待。當戀情不像她希望的那麼美好——這種戀情幾乎總是不符合預期，她會有幻滅感。而且，由於在這段關係中沒能符合對自我的期待，也使她對自己失望。

時間、自信與夢想，所有的失落都會對第三者造成壓抑，剝奪她的力量。不過，在不知不覺間，女人在感情中的糟糕感受，反而會促使她繼續留在這段關係裡。

通常，當一個人失去自信和自主的感覺，便動彈不得，會把遭受不良待遇視為自己活該，認為是自己應得的，而且無法想像還有其他更好的出口。

當女人在戀情中失去自信時，會試圖修復關係，對於這份愛的依賴性愈強，她就愈傾向於加以修補，而非離開。而最終，愈是因戀愛而失去時間、自尊和夢想的女人，正是愈難放過自己的。投入的時間愈多，也使她愈難抽身。

但是到了最後，不僅所有好事都有結束的一刻，所有不好的也將終結。

第八章

當關係劃上句號

婚外情的結局

齊美爾說過，二元關係，也就是只有兩個元素所構成的組合，是最脆弱的人類關係，因為假使一個人走了，關係就終結了。在二元關係中，你的命運總是取決於對方怎麼做。

婚外情便是二元關係。儘管這種關係可能持續數年或者數十年，但是，最後通常都會終結，最常見的是丈夫還是留在妻子身邊。

有一些婚外情會轉化為婚姻，但是在比例上很少。雖然離婚的男人往往都有過婚外情，但是在「因為第三者而離婚」的男人中，絕大多數並不會與第三者結婚，他們會與別的對象結婚。

第三者在情人婚姻中所扮演的角色，是為他的委屈與幻想充當療癒的出口。她多半低估了情人的妻子、家庭和孩子的力量，因為她一直拒絕承認妻子的存在，或者始終認定情人的婚姻是糟糕的。

然而，做妻子的會從陰影處站出來。若她出面戰鬥，多半可以保住婚姻，因為在她的天平這一方是婚姻制度、夫妻共同的過往，以及孩子和財產等籌碼。儘管如今離婚愈來愈容易，但是，離婚對於女性來說，經濟代價和社會代價還是很高的。除了這一點，再加上女人願意為了修復關係而做出努力，因而很多妻子都堅決拒絕放棄婚姻。此外，由於離婚對男人來說也有著高昂的情感和經濟代價，尤其是讓他失去和孩子日常見面的機會，所以做妻子的往往可以成功地把丈夫拉回家庭。

有些男人在經歷中年危機的時候，離開了妻子。工作、家庭、衰老和死亡等，對他們來說是懸而未決的問題，可能令他們覺得整個生活都飄忽不定，前途未卜，不順心。假使情人正經歷中年的湍流期，第三者可以成為他生命中的一個通道，但不會是通道出口處的那道亮光。

事實上，第三者成了情人在婚姻和中年過渡期的一部分，一旦他不再需要妻子，或者度過了中年危機，他也就不再需要她了。

● 我對他來說，是解決他生活中問題的出口。
● 我不想再當另一個已婚男人生命中的橋梁了。

人常常不知不覺地選擇了一個愛人，是因為這個人可以幫助他達到目標。不是因為受其性魅力吸引那麼簡單，而是因為這個愛人是「有用的」，但一旦用處沒了，這段關係也就瓦解了。

比如，已婚男性可能選一個象徵青春與激情的第三者，藉以離開婚姻，使他重新感到年輕，證明了他心中隱藏的那些目標是有可能實現的。但是，一旦婚姻終結，他便準備好去尋求一段新的關係，一段不會讓他回憶起過去的婚姻，不會讓他想起自己已經老了的新關係。

至於年輕、聰明、有成就的女人，除了出於性與愛的目的而和已婚男人在一起，也可能有其他原因。這個情人或許被當成人生中繼站、指導者，或者是要求不高的「朋友」，以便她同時發展自我認同、建立自己的事業或養家。

如果男人要離開妻子，第三者也可能會離開他，因為這段戀情中的「安全」優勢，如今沒有了。

與妻子處於分居狀態的情人，若和第三者變得像普通情侶一樣相處，可能會產生新的問題。由於這段關係是在私密狀態下建立的，所以一旦把戀情公諸於世，兩人可能會被現實驚醒，發現自己在彼此的人際圈子裡很不自在。當他們認為兩人關係只是短暫時那些小小的煩心事，如今變得明顯了。世俗生活的每一天，都使得浪漫的光環逐漸褪色。

雙重欺騙的關係

不過，情人離婚後，第三者無法順利與他結婚，很可能是因為兩人之間是雙重欺騙的關係，所以誰也無法完全相信對方關於日後的忠誠保證。

- 我永遠不會嫁給背叛了妻子的男人，瘋子才會嫁給這種人。
- 我不曉得像我倆這樣有過多角關係，怎麼結得了婚。婚姻，是由深刻的情感和經濟承諾所構成的，除非我知道他會對我忠貞不二，不然，我才不會費這個力氣跟他結婚。

通常，有過不忠行為的人，最容易懷疑伴侶會不忠。不信任與嫉妒感同時萌生，令人疑神疑鬼地認為這段關係不會穩定，也削弱了愛情的基礎，使人失去結婚的動力。發現自己的伴侶不忠是痛苦的，而明知對方曾經出軌，還跟他結婚，那就是愚蠢了。

別想著他會離開他老婆和小孩來當你的好丈夫，因為你會從「陪他出軌」的人，變成「被他出軌」的那個。

婚外情是建立在祕密、欺騙與背叛上的。無論在第三者看來，這段關係多麼有愛和關心，事實還是：她的戀情是建立在他不忠的基礎上，而另一個女人，也就是他的妻子，正受到欺騙。如果自己要成為他的新妻子，他們一起瞞騙的那段過往，是很難就此一筆勾銷的。

丈夫要離開妻子去娶第三者，有許多障礙，而第三者與情人要結為夫妻的障礙更大，因此，婚外情最後通常會結束，而不是轉化為婚姻。

就像多數的人際關係一樣，婚外情的終結是因為付出的代價比獲得的大，使得一方或雙方失去了維持關係的興趣。但是，這段關係是如何結束，為何結束，是誰甩了誰，過程歷時多久……這些都會影響一個人對於自己及未來的感受。

在任何的兩性關係中，男人可以甩女人，女人可以甩男人，或者是雙方共同結束關係。一個人如果是為了自己的正面感受考慮，那麼還是「施比受更有福」。有句老話說得對：提分手比被分手好。對自己的生活、時間與目標擁有掌控權，比由他人來為自己做決定好。

但是，對許多女性而言，在感情上，如果關係是雙方共同決定結束，而不是單方面提出的，可能會更好。

分手與權力：當她愈是依賴時……

一個人能不能決定關係如何結束、何時結束，與其在這段關係中擁有多少權力高度相關。

在婚外情的男女之間，正如我們所見，女人的依賴性可能相當強。也許在不知不覺間，她變得被動地等待情人打來電話、來看她，或者有什麼行動。她的依賴性可能強烈到與同事、親朋好友們隔離。他成了她的整個生活，而在其中，她失去了自信，喪失能力感。

不過，並非所有的第三者皆如此，有的女人在婚外情關係中保有相當的獨立性，她們傾向專注於婚姻以外的目標，而且行事風格更果斷。

可以預料，當一個女人在兩性關係中的依賴性愈強，她就愈不會主動終結關係，也愈容易在分手過程中承受痛苦和羞辱。愈是果斷的女人，則愈容易成為甩掉人的那一方，或者與對方共同決定終結關係，也就愈不容易在關係結束時，遭受悲痛的打擊。

已婚男人結束關係的原因或許是他的妻子、事業，或者因為有了新的情人。妻子可能對他下最後通牒，而他則重新估算妻子和家庭的重要性。事業的進展也有可能促使他放棄這段關係，離開現在的城市，或者他也許已開始一段新的婚外情。

若女性在婚外情中保持較強的獨立性，這些相同的外在因子，有可能在她終結關係上起一些作用，不過，情況和男人略有不同。具體來說就是：倘若情人離開妻子，她可能會因而與他斷絕往來；也許是她因工作之故得搬家，導致無法再繼續現在的關係；又或者是她自己找到了新的愛人。

在兩人之間產生的壓力與問題，也可能導致關係破裂。期望與現實的落差過大，會使兩人之間的愛情神話無以為繼，使單方或雙方變得不再需要這段關係。

- 我一直告訴自己，等情況變得夠糟，我就離開。現在是時候了。
- 他對我說，我今天需要他給我的，明天就不用他來給了。他說對了。

尤其是對於高度依賴已婚情人的女人來說，把婚外情關係推向終結的內因與外因的共同作用，有可能引發危機。由於妻子的需要（也就是外因），情人可能無法在她最需要他時在場（形成了婚外情內部的壓力）。

以下三個女人的敘述可用來說明這種情況：

第一個女人經歷了喪父之痛。

第二個女人，妹妹的婚禮令她嫉妒。

第三個女人因拿掉孩子而受創。

- 我爸爸去世的時候，我是如此孤單，而他得去野餐——野餐！她的野餐！他說他沒辦法不去。她的野餐比我重要。那時候我就恨他了，從那次以後，什麼都不對勁了。
- 那時候我快三十歲了，我七年的人生就那樣過去，我的小妹要結婚了。我不顧一切地想要成為一名妻子，他的妻子。天哪，做誰的妻子都行。我開始覺得羞恥、無能，覺得自己被利用。該死，我被利用了。
- 我被迫在一間不乾淨的屋子裡，給自己留下了永久的創傷，而且還要付好幾百美元。我因為墮胎的事情而恨他，因為我想，如果他當時已經跟我結婚，我就不用拿掉寶寶了。所以這件事情我怪他。

人生的重大事件，如：死亡、婚禮與懷孕，尤其會使第三者內心變得不穩定，因為她們無法以社會所認可的正常方式來面對。她比沒有情人還孤單，因為她有個希望，有個隱藏的期待，就是至少在她遇到大事的時候，他在她身邊。

我是在騙自己。我以為當我遇到大事時，他是可以依靠的人，也以為如果我真的需要他的時候，他會在我身邊，但是他不在。

分手與權力：當她愈是獨立時……

另一方面，對於在戀情中夠獨立的女性來說，如果情人對她的要求愈來愈多，也會導致兩人之間的緊繃張力升高。

有一個第三者當初選擇與已婚男性談戀愛，就是為了要一段情感上比較冷靜的關係。她說：

我不是很有熱忱的人，從來都不想當母親。我看出了他的軟弱，他在消耗我的心力。我有我的工作要做。我只想要好好做自己的事情。

有個雙性戀女人原本享受著與已婚情人的關係，因為她不用為此付出太多。她說：

他打算在那天晚上告訴他妻子要離婚，我嚇壞了，慌亂地告訴他不要。我愛他，但是眼前好像突然出現了與他共組家庭的未來景像。一旦和他結婚，或者跟任何人結婚，我就再也不能像現在這樣生活。我不想當個妻子。我察覺到自己想要當拉拉，不是因為不喜歡男人，我還是喜歡男人的，但是，我不能冒失去我的女朋友們的風險。他要求我放棄太多了。

對於在男女關係中更果決，不想付出太多承諾的女性來說，情人對她的期望值升高，使得她開始重新評估這段關係在自己生活中的重要性。如果戀情無法回到原本的狀態，她可能就會決定結束。

採取行動

不過，決定要結束一段關係，並不等於真正地終結，關係中的一方或者雙方必須採取行動。

和其他人際關係一樣，結束一段關係，有著不同的步驟和時間表：有驟然快速，冷不防的；有分分合合，拖延很久的；也有緩慢降溫，漸漸停下的。

有的時候，是在婚外情中比較獨立的女人驟然提出分手。一個找到了新愛人的女人，給老情人寫了一封以「親愛的約翰」開頭的信：

這封信我拖了許久才寫，我不想傷害他。七年來，他對我和我們的關係都抱有不小的幻想。我終於決定，從這段關係中走出來唯一的方法，就是以直接、乾淨俐落的方式抽身，所以我寫了一封簡單的告別信給他。他回信說祝我好運，還要我留著他的地址以防萬一，但我沒留。

另一個女人的情況則是她事業上的升遷，加速了關係的終結。

我當時升了職，那個月就要到全國總部去。我很興奮，在電話裡對他衝口說出這個消息。他安靜了很久，然後問：「我怎麼辦？我們的關係怎麼辦？」我想大笑，同時也很憤怒，他什麼祝福的話都沒有。然後我又為他難過。我猜這個消息對他來說太突然了，我真的要走了。

這兩個女人都認為，她們迅速終結關係的決定是不可改變，完全正確的。一個女人扔掉了前任情人的地址，另一個則不會改變她的事業計畫。她們與已婚情人的關係已經「物盡其用」，是時候該結束了。

社會教女人體諒別人的感受，理解男人受到損失的感覺，甚至可能感到負罪，但是她們不會因為男人有受挫感，或者男人被甩會產生不理智的憤怒，就改變計畫。

男人的分手：無聲拋棄

然而，大部分突然通知要分手的都是男人。由於男人不善於照顧別人的情緒，也因為他們可能沒有意識到自己在第三者生活中的核心位置，所以第三者可能被情人以不聞不問的方式，無情地拋棄。有時被拋棄的原因，是男人有了別的第三者。

我要去醫院結紮，以免懷孕讓我們的情況變複雜。說好了他要來我這裡帶我去醫院的，但他沒來，所以我就自己開車去了。後來，我再也沒聽過他的消息。最後我聽說他愛上了別人，為了那個女人跟妻子離婚了。

第三者被拋棄，更常見的情況可能是因為男人出於事業考量。比如，一個男人獲得了重大的升遷機會，便選擇立即把不堪的過往拋開，包括情人。

我曾經夢想著，當他升職時，經濟情況就會允許他離開妻子了。但是等他真的升了職，卻告訴我說我們不能再見面了，因為他成了公眾人物，變得太顯眼，風險也太高。就這麼完了，三年，咻的一下子就沒了。

另一名第三者是研究助理，她從一份辦公室備忘錄中得知，她的情人／老闆要帶著整個小組到另一個城市去，唯獨不帶她。她失去了愛人，也失業了，而且他什麼合理的解釋都沒有給。

我讀完備忘錄，站在那裡愣住了。不過才一週前，我花了差不多一天的時間在想我們的關係可能會轉變成永久的。他從來都沒有親口對我說我不會跟其他人一起過去。直到今天，我還是不曉得自己為什麼被丟下，他到底為什麼要那麼做。

還有一個女人曾經兩次換工作，從國家的一邊搬到另一邊，就是為了能待在情人身邊。最後，僅僅接到他寄的一張明信片，上面寫著：

我要搬去韓國了。由於我們相距遙遠，我沒有機會完全解決我們的關係就得走了。祝你過得好。（沒有署名。）

這些女人都是突然失去了情人。男人對待她們的方式，就好像這場戀情對他們沒有什麼價值，所以他們沒必要解釋什麼。

由於情人驟然終止關係，第三者被剝奪了主動終止感情的機會，也被剝奪了說再見的權利。對戀情很投入的女人，可能因此拒絕放棄希望，拒絕去接受關係已經結束的事實。比如，那個女人在接到來自韓國的明信片四年之後，說：

如果他現在走進這扇門，我想對他說：「你以為你是什麼東西，可以隨時在我的生活中想來就來，想走就走？」但我知道自己恐怕只會說：「嗨！要喝杯咖啡嗎？」

被剝奪了主動結束感情機會的第三者，繼續抱著情人會回來的期待，如果缺乏家庭或社會支持網絡，就像以上這個第三者的情況，可能必須尋求心理治療。為了能夠遠離這段關係，她的確接受了心理治療，即使如此，她還是可能會長時間背負著被拋棄的失落感，無法抽離。

還有一種比較少見，但同樣令人難以面對的情況：情人死亡了。第三者不僅被剝奪了說再見的機會，也被剝奪了走出悲痛的正常過程——即親友們在身邊、親友的情感援助，以及擁有社會認可的哀悼者身分。

他死於心肌梗塞，非常突然。這種情況對我來說很不容易，因為我沒來得及為我們的關係劃上句號，而且我沒有去參加他的葬禮。我仍然覺得，我在某種程度上無法接受他已經死了的事實。有時候走在街上，看到一個男人的背影，我仍然會認為是他，接著我才意識到他已經死了。

當一個人經歷悲痛的時候，會在人群中、在大街上尋找所愛的人，這是失去親友的典型反應。失去情人之後的這些強烈反應，如：將他神格化，否認他已經死了，尋找他……這些都說明了她對情人的情感有多深。若沒有親友和社群幫助她度過悲痛期，她可能會背負這份傷痛許多年。

男人的分手：驟然消失

被妻子發現了或者開始懷疑有婚外情，也可能會使男人迅速終結偷情。雖然第三者在開始這段感情的時候就明白對他來說，妻子和婚姻比她重要，但她恐怕沒料到自己會被這麼簡單就拋棄。

有一個女人通常透過網路與情人聯繫。她趁著出差開會時，與他共度了一週之後回家，談到那天時，她說：

我在電腦上發訊息給他，但是他不回。他在電腦上幾乎不說話了，我要瘋了。我想是他太太察覺到我們有什麼。我不清楚到底是怎麼回事，需要有個機會跟他坐在酒吧裡，在周圍有其他人的地方，聽他老實告訴我為什麼我們的關係結束了。我想把這個謎解開。

由於有了另一個女人，由於男人的工作地點轉換，由於他死亡，或者他的妻子，第三者突然被分手，沒有機會自己去終止這段感情。而如果這段關係一直是被祕密地掩藏著，朋友也無法幫她釐清到底是什麼地方出了差錯，能夠給予的精神支持也很少。

找不到答案的時候

對於關係的結束，假如第三者無法向情人問個明白，或者難以相信他給的解釋，那麼，她的情感問題將一直得不到滿意的解決。由於最容易被突然拋棄的是在關係中地位被動的女人，所以她們能用於重建自信的內在資源也不多。無法替過去的關係劃上句號，亦使其自我成長減慢或停滯，日後與其他男人交往將產生障礙。

於是我們可以預料，在婚外情關係中處於弱勢、遭情人拋棄的女人，以後要和男人發展關係也容易遇到問題。

- 如果我真的遇見一個男人，會立刻恐懼和抗拒地遠離。我不知道這種情況只是暫時的，還是永遠都會如此。
- 和他分手後，我經歷了一個狂野的階段，開始隨便跟什麼人就約會和上床，沒什麼眼光可言。
- 我恨男人。
- 我想我還沒有接受關係已經結束的事實。我不想搬家。萬一他想來找我呢？

儘管在關係結束後，經過了或長或短的時間，但是她們仍受到情人的行為影響：懼怕新戀情、關係短暫、發生無感情的性關係、期望值低、敵視男人，以及等待情人再回來。

和這些女人形成鮮明對比的是，突然主動地終結關係、高度獨立的女性，日後她們更容易建立滿意的戀愛關係。

● 我開始和單身男人約會。不到一年，我就和一個在報社做製版工作的人同居，我們很快就要結婚了。

● 我現在認真談戀愛的這個人，把我介紹給他所有的朋友認識。他去哪裡都帶著我。

● 他是我的朋友。我現在不想要男友，但我享受與單身男人之間的友誼。

無論這些獨立的女性下一步要找的是婚姻、認真的戀情，還是友情，她們對自己想要什麼樣的關係，都保有決定的能力。

冗長而糾結的分手歷程

並非所有的關係都是突然結束的。有的關係結束的過程會拖上幾個月或幾年；有的時候，終結關係所花的時間比建立關係還長。分了又合，合了又分，在這種終結方式中，一方的搖擺不定與另一方的渴望交織著，使得雙方繼續糾纏在一起。

有一個特點是：在拖延期內，第三者相信情人會離開妻子，或者相信他會改變。若她花了更多時間來相信這些，投入這座情感天平，她將更難脫身。

她會覺得不甘心，認為自己既然投入了這麼多時間和情感，還得再投入一些，才不會讓努力白費。就像是第一個兵團的戰士死光了，為了不讓他們白死，再派更多士兵上前線。

即使是比較果斷的女性，有時也會在分手的時候猶豫不決。有一名女主管是女性主義者，她並不想和情人結婚，但還是陷入了長久的分分合合，因為她一直相信他會改變。

我每年一月都會跟他分手，這樣好多年了。我整個春天都在悲傷，但是到了七月，人人都會讚我氣色多好。我剛剛要放下他，我們就又復合了。每次我都以為他終於懂得了我對獨立的需要，但每次我都錯了。

另一個女人是和教授在一起的學生，她也以相似的方式陷入糾纏。

我們兩人來來回回的就像是乒乓球，每次一復合，我們的關係就惡化一些。我開始找別的男人了。我還是保有別的機會，我終於脫身了。

在前面這兩個例子裡，兩個女人都試圖從耗費她們時間和心力的關係中掙脫出來，不過，在終止關係的過程中，也開放考慮其他的選項。

儘管分手的過程拖拖拉拉的，但是並沒有完全讓她們耗損，她們可以感到有一些掌控自己生活的力量，並且開始想像沒有情人之後的生活。

有的女人則想像不了沒有了情人的日子會是什麼樣，認為不管這段戀愛有多麼痛苦，也比失去了情人強。比如前文提到遭情人家暴的女人，在戀情終結的拉扯階段，接受了兩年強化的心理治療，她說：

我無法不愛他，但我可以放棄與他同居的想法。

所有處境類似的女性都具有被動、依賴的傳統女性特質，因此，要她們考量自己的利益，相當不容易。這樣的第三者可能會完全貶低自己的人格，去迎合情人的期待。

我告訴他，他想讓我變成什麼樣子，我就願意變成什麼樣子。怎樣都行。

願意接受情人對自己的定位，變成男人想要的任何樣子的女人，往往會陷入冗長而痛苦的分手過程。在這些依賴性強的女性中，有一些是相信情人最終會離開妻子的；即使情人不離開妻子，她也願意「接受他的任何做法」。

有些比較自主的女人也相信情人會離開妻子，只因為他說他會。如果她希望與他結婚，或者希望和他住在一起，甚至只是期待能跟他有更正常的戀愛，那麼，他的口頭保證就足以讓她繼續隨之起舞。

●他說：「我現在還不能離開，那會重重傷害我太太。」我問：「那你還要多久？」他回答：「大約一個月。」一個月過去了，很明顯地，他沒有要離開她的意思。我倆見面，我想我是把關係結束了；但接著一切又變得不清不楚，因為他又回來了……這個過程成了一種反覆發生的模式。他會回來，說他準備要離開妻子，我還是相信了他。我相信他，也愛他。我們就這樣來來回回，來來回回。

●認識他的時候，我問他是離婚還是已婚的，他撒謊了，一直撒謊。過了六個月，我才搞清楚這個男人連分居狀態都不是。三年半以來，他一直告訴我他在談離婚，其實他什麼都沒做。

有的時候，她相信「他會離開妻子」，是因為情人確實有一些行動。有一個丈夫離開了太太，然後又回到太太身邊，在婚外情的最後一年中，如此反覆了三次。

每次他離開她，我都以為是永遠的。每一回，他都有理由回到她身邊，因為她裝作要自殺，因為她需要他幫忙打開別墅的門。她為了留住他而抗爭，不讓他走，但我也不能讓他走。她很堅持，對他很討好。最後他說：「我無法再這樣下去。她贏了，我拿她沒辦法。」

如果第三者夠愛這個情人，便會想擁有一段正常的戀情，可能會希望他離開妻子，甚至這麼告訴他。她試著主張自己在這段感情中的地位和需要，但是這麼做，可能會打破使這段關係保持和平的微妙平衡。

有一個比較獨立的女人讓情人做選擇，他告訴她：「如果能得到你，我就太幸運了，我會朝著目標去努力。」然而從那時起，情況變得一團糟。

他的態度反反覆覆，一下子保證要給我一切，好像他什麼都願意做，一下子卻說：「我不能再見你了。」每次他這麼做，我都悲痛欲絕。這樣持續了好幾個月，起起伏伏的。他會說：「好了，我提離婚了。」接著我卻聽說他們夫妻要去鳳凰城度假。他回來以後，送我一幅裱框的油畫，還把性病傳染給我！

在感情長年地起起落落期間，情人讓妻小搬去另一個城市，離開了妻子，接著又跟妻子去做婚姻諮商，答應不再見第三者，但事實上，他仍然常常和她見面，名下的報紙送到她的住處，人壽保險的受益人也定為她的兒子們。

然而，不管兩人的生活多麼契合，有多少跡象顯示他想與她有共同的未來，他始終都離開不了婚姻和妻小。在一大堆的「假承諾、不眠之夜與破碎的期望」之後，她開始感覺到「既麻木又憤怒」。

我看得很明白了，他不會結束婚姻的。每次他突然的態度搖擺還是會傷到我，但我一次比一次生氣。兩個禮拜內集中經歷了四次「我不能再見你了——我現在就離開她」的起伏之後，我終於告訴他，我再也不想見到他。他不斷打電話來，但我拒絕跟他通話。我把他的信不拆開就撕碎，把他送的禮物退還給他。

將近一年之後，男人又聯繫她，告訴她，他們夫妻舉行了一場「和好儀式」，在新的婚姻協議中，寫明了他有權和她見面，但她說自己「對此不感興趣」。結束那段婚外情兩年後，她結婚了。

我故意請他們夫妻倆來參加婚禮。他們來了，她看起來顯然不怎麼高興，但我可以想像是她決定要來的。她還是會問他關於我們之間的事情，問我們做過什麼、去過哪裡，他說，這些事情，他對她說的都是謊話。

儘管表面上這場婚外情結束了，但是餘波未了。即使第三者再獨立，分分合合的關係不但會榨乾一個人的情感能量，並且極為費時。

被一段分分合合的關係拖住的女人，不會明白這段關係到底是什麼時候結束的。接收到的訊息太過扭曲，妨礙了她的解讀，更何況如果歷史再度重演，如果「我們一起經歷了這麼多」，為什麼要結束呢？這種不甘心緊掐著第三者，經歷了數個月甚至數年飄忽不定的狀態，使她筋疲力竭。

- 我希望他死掉。如果他在我仍然愛他的時候死去，我是會很傷心，但我要重新爬起來一定會更容易。那樣的話，我三年前就已經復原了。
- 我活下來了。
- 讓這段戀情安息吧！

緩步地降溫，創傷最小

創傷最小的分手方式，是讓關係穩步地緩慢降溫。

漸漸停息的關係就像旋轉的陀螺，愈轉愈慢，最終因為沒有了動力而倒下。有時，關係降溫的過程是如此地緩慢而漸進，即使是依賴性和服從性很強的女人，可能也意識不到這段關係實際上已到終點。如果第三者故意不肯去面對現實，還可以希望關係並未真的結束，她仍然有機會。儘管「不確定這段關係是什麼狀態」令人痛苦，但也不像被拋棄或被拖著很久所帶來的情感代價那麼大。

他為了新工作搬家，我過去了一趟，一起過夜，但從那時候開始，我們的關係就走下坡了。我有點受傷……應該說，非常受傷。我以為他會打電話給我。我打給他一、兩次，但他不肯通話，所以，我們基本上是失聯了。但我察覺到，我們從沒真正談論過我倆的關係，他也不肯聊這個。

女人在戀愛中愈獨立，愈會認為是自己讓關係慢慢終結的。她將關係的結束，看作是自己所做的一系列選擇而產生的結局，符合邏輯，她所做出的每個選擇，都使她與這段關係漸行漸遠。

- 我發現自己愈來愈想要獨處，或者跟客戶在一起，或是為參加比賽做準備。我想要與他分開，而不是跟他相處。我們見面的時間間隔愈拉愈長，在一起的時間愈來愈短。我變成了愈來愈傑出的建築師，也愈來愈不需要跟他在一起。
- 結束關係，就像坐在一列火車上，火車還要很久才進站，但你知道它會停，你會下車。你利用最後那點時間來準備下車。旅行這件事是有點苦樂參半的，你不覺得嗎？

在關係漸停的終結過程中，自認為掌握了主動權的女人基本上沒有苦澀感，也不會有未了結的感覺，或者拋棄情人的負罪感。她們不是將心力轉移到榨乾情感能量的紛擾中，而是準備好前進至人生的下一章。當關係漸漸中止是雙方共同的決定時，結局令人感到釋懷。

● 感情就是淡了。最後一次要跟他在一起時，他來之前，我得先用按摩棒，因為我們的性生活太無趣了。當時我就想那是最後一次了，然後，他沒有再來了。

● 我們愈來愈少見面，我的另一段戀情開始變得愈來愈重要。然後他的婚姻諮商師告訴他，如果他想保住婚姻，就不要再見我，是他幫我把情況變簡單了。我對他說：「如果不再見面是你想要的，那就這麼辦好了。」

● 我快畢業，而他要搬走了，我以前的男朋友也回來了。我在為一切收尾，準備好進入人生的下一個階段。

在以上這些情況中，第三者不再認為這段戀情有價值。很明顯地，她的情人也是這麼想。兩人沒有真的計畫要結束關係，而是時間、變化或者新的戀情共同產生作用，使現有的關係終結。

分分合合的終結方式，可能不如雙方刻意找一個時間、講好以什麼方式來結束關係要好。

雙方刻意地共同結束關係，更能幫助第三者放手，讓她在離開關係時，感到自己的完整和力量。如果彼此都對關係的終結負同樣的責任，都覺得選對了結束的時間，那麼，苦澀感、怨恨和來不及結束感情的感覺，都不會為她帶來困擾。

當然，兩人無法保證能共同刻意地結束關係，因為現實中存在著他們無法控制的不確定因素，比如：生病、死亡或他的妻子。但是，雙方可以試著一起決定在什麼時候、以什麼方法，結束這段關係。

打從一開始，我們就很清楚這段關係一定會有個結束，並不是真的想了結它，但是按理說它是應該結束的，所以問題就是要找一個合適的時間。我看出他對此十分小心，為了不讓我受傷，正如他為了不讓妻子受傷而保持謹慎一樣。

在幾次「假分手」之後，這個女人因為工作關係，搬到了一千多公里外的地方，兩人討論了她的搬遷，將此當作另一個分手的「機會」。搬家後過了一段時間，她繼續和情人見面，不過頻率減少了，感情強度也低了。

如今，兩人之間的性愛和浪漫情人關係結束了，但是仍繼續以電話和書信聯繫。

我們現在成了朋友，感覺很舒服。我們沒有完全斷掉，因為我對他仍然有好感，有些事情，我還是想講給他聽。

這些女人覺得對前任情人的感情令她們很舒服，想到前男友使她們感到溫暖，她們把老情人當作朋友。

這段關係繞了一圈後，又回到最初——兩人回到了成為情人之前的朋友關係，但現在這個圈子上有了深深的烙印。

別人會給你留下烙印，你的一部分是被那個人烙上痕跡的。你把那部分的自己與別人分享，而那變得對你很重要。你的那一部分永遠屬於那個人。你會一直和那個人相連。

不做情人，那還是朋友嗎？

在女人身上一再出現的情況是：和前任情人保持朋友關係很重要。與情人經歷了許多磨難以及被拋棄的女人，經常希望能和他做回朋友。

● 我想和他做朋友，希望能跟他談話。我真的很喜歡他，很想打電話約他出來吃午飯或者喝一杯。我做到了跟以前約會過的幾個單身男人保持朋友關係，這對我一直都十分重要，也令我自豪。

● 如果我一開始進入那段關係的時候選對了人，那麼，我至少應該能夠保住跟他的友誼。

有許多婚外情就是從友誼開始的。女人因已婚男人對自己感興趣，而感到被他捧在手心，從他那裡獲得了知識上的幫助，也受他的個性所吸引。她曾經真心真意地相信兩人之間是朋友關係，而友誼對女性來說，意味著長期和忠誠。如果她能夠重新獲得那份友誼，就可以感覺到，他終究還是值得自己交往的人，她的判斷力不是那麼差，就算她愛得不明智也算還好。

即使前任情人對自己很差，她也相信能跟他維持友誼是好事，這證明了社會觀感左右了女性的感受。女人在戀情開始前和結束後，都希望能和情人做朋友，這的確很可能是由於女人在「性」方面受限於社會化。

正如我們看到的，女人把友誼和性、愛做連結，既對男人有「性」趣，又是他的朋友，因而女人產生愛的感覺似乎是很自然的。但是，由於男人對友誼的定義和女人不一樣，也不會把友誼和性與愛聯繫在一起，於是女人一旦和男人成了朋友，便陷入了不利的境地。

身為朋友，女人會要求自己接納、理解對方，並且去關照和親近。對女人來說，失去朋友是重大的損失，因為那象徵著她經歷了人際關係的失敗，選人選錯了，或者她處理這段友誼時犯了什麼錯。

如果一個女人相信做朋友是結束婚外情最好的方式，她就得被動地接受男人對現實的解釋，壓抑自己的憤怒和憎惡，迴避衝突，曲解自己的情感，曲解她對現狀的定義，來符合男人的情感與對現況的定義。而這一切，都是為了她心目中的友誼。

對我來說，他還是非常重要的人，非常。但為什麼我會這麼說？我的確聽見自己在這樣講，可是我不敢相信。這成了一種習慣吧，讓我覺得他對我來說應該是重要的。但我應該在乎他嗎？可能是因為我覺得自己需要在乎他，而不是他要求的吧。

於是在結束時，兩人的關係繞了一圈，回到起點。有許多戀情回到了開始時的狀態，兩人之間變回了友誼，或者女人需要相信友誼還在。

最顯著的一點是，關係結束時的情形，和關係如何開始、如何推進的情況一樣：在戀愛關係中更有權力的女人，傾向於在結束時也掌握權力；而開始時喪失了自己身分定位的女人，在結束時變得更加無力。對於一些第三者來說，尤其是高度順服的女人，分手之痛非常強烈，分手帶來的情感餘波是很驚人的。而對其他人而言，戀情的終結則賦予她們力量。

關係的循環

對第三者來說，一段關係是由於工作變動、情人死亡、其他女人或情人妻子的問題，或者兩人之間的問題而終結的，並不是那麼重要。重要的是提出分手的是誰，由自己來甩掉情人，總比被情人甩掉強。如果關係是雙方共同同意終結的，結局對女人來說就更有利了。

不過，由於女人在社會化過程中，被塑造成要體諒他人，使其想要盡可能地修復關係。也因為兩性關係的社會規範是對女人不利的，所以，第三者在婚外情中的付出往往比預想的多，也比情人多。因此，大多數的第三者，即使在職場上和朋友之間表現得獨立自由，也掌控不了婚外情的終結方式。

第三者與情人之間的關係有時候是迅速終結，有時候分分合合，有時候則是慢慢降溫，這種關係基本上都會結束，但是，新的關係還會再開始。不管是好是壞，她和他，還是會繼續在一起。

第九章
第三者的未來，何去何從？

從過去到現在，命運不變

對於為數不少的單身女性來說，「成為第三者」似乎是個可行的選項。其中有許多人認為，談一場婚外情帶給自己的情感糾纏有限，而這樣的戀情可配合自己去追求其他目標，產生更多獨立自主的可能。她們預想著自己不會失控，並且掌握得了這段關係。

然而，「新一代」第三者的遭遇與過去的第三者相同，面臨的影響依舊：她們失去了掌控權，而婚外情對男人的益處多於對她們的好處。

美國三千三百萬未婚、離異和喪偶的女性，沒人會希望自己長久單身，不過，事實上有許多人面臨這種情況。對於二十五歲以上的女人來說，男性數量不足的問題嚴重，而三十五歲仍單身的女人，可能會獨身一輩子。

極少有人打算要長期當第三者，然而，卻有許多人進入這種關係中。來自不同社會階層的各種類型的女人，也就是平常、普通，我們天天會見到的女人們談起了婚外情，有些人在這段關係中一待就是好幾年。

無疑地，婚外情在未來仍會是普遍現象，因為導致其發生的人口因素與社會因素依然存在。二十五歲的女性可選擇的男人愈來愈少，社會對於女人建立異性戀關係的期待繼續，在性方面開放、寬鬆的文化不會消散，婦女運動的覺醒引發女性渴求人生變化，擁有更多選擇，這個過程不會終止，而女人為了追求婚姻之外的目標，對於時間的需求也不會終止。

由於這樣的兩性關係始終會是顯著的社會現象，因此，我們有必要進行評估，提出這樣的疑問：

「未來將會如何？」

最好的起始點，就是詢問第三者：

她認為這段關係將為她的未來產生什麼影響？

她還願意再捲入婚外情嗎？

成為第三者的可能

有的女人出於某些需求，仍然願意把「再找個已婚男人」列為合理的選項之一，即使這種關係是有缺點的。

對於年紀較大，一生中大部分時間都在經濟上依賴男人，賺錢能力不足，在單身婚戀市場也缺少競爭力的離婚女性來說，婚外情可以作為一項經濟來源，帶來一些自己爭取不到的經濟利益。

此外，找不到單身對象或不想去找的女性，正要開始讀研究所，或者薪水低、從事藍領工作的女人，也可能樂於接受已婚情人的一些額外資助，比如帶她們旅遊、請她們吃飯。

有的第三者也許是想要情感上比較冷、比較有距離的戀愛，因為她們有事業和學業的目標要追求，也或許因為談婚外情讓她們既能享有性生活，又不用給太多承諾，也不必花太多時間在情人身上。她們認為這幾種戀愛關係，從已婚男人身上更容易得到。

不過，我們可以看到，即使是最冷漠的現代女性，也常常發現自己的時間受情人所控制，心力被情人掏空了。沒人能保證自己可以分離和控制情感。她們往往會發現自己對這段關係的依賴，變得比原本預期的要高。

除了經濟支援以及有距離感的戀情之外，有的女人是為了尋求平等的戀愛關係，認為從已婚男人身上更容易獲得。

我很清楚我想和男人發展什麼樣的關係。與其他感情相比，婚外情更接近我想要的理想狀態，可能是因為不需要為了小事情爭執，保有自我也不成問題，兩個人真的是站在同一邊的。這不正是我們在兩性關係中想要的嗎？男人不是對立的一方時，我可以與他共度一些時光。這個情人不是我們的對手，因為他不需要非得擁有我。他已經有了別人，就不需要擁有你。

要與男人建立平等的感情關係是比較困難的，因為男性害怕在感情上處於容易受傷的位置，所以他們對親密關係的預期就是由男人主導，女人依賴。

如果女人相信自己在這段婚外情中獲得了平等地位，那麼，她還會再次尋求這種戀愛關係，不管這樣的關係有什麼問題，她也還是認為勝過男性享有特權的一般戀情。她將表面上的平等歸結於情人是已婚的，並且希望以後的婚外情關係也能帶來如此正面的感受。

她可能未察覺到這段關係之所以顯得平等，是因少了每日持家管錢的生活衝突，更不用說在「誰的事業更重要」這件事上的權力較量，還有生養孩子，以及錢該優先花在什麼地方等等的紛爭。在她眼裡看似平等的關係，實際上是未經過考驗的關係。

對所有戀情都卻步

與願意再次成為第三者的女性不同的是，有的第三者看待婚外情的態度是矛盾的，因為她們無法確定自己到底是什麼樣的人，也不知道自己在未來的感情中想要什麼，這種不確定的感覺，會因過往的婚外情經歷而加重。

由於對自己沒有信心，她們無法按照既定的規劃前進，只能停滯不前。她們的自尊心愈脆弱，男人就愈有形塑和指導她們的權威。女人希望抗拒這些，但是她們愈是缺少自信，男人的關注反而愈帶來安適感。

如此一來，缺乏堅定自我意識的第三者對戀情產生了矛盾心理，尤其是對於更長久的戀情。

- 我不想把任何事情都挑明了說，也不想區分朋友和愛人。我不想做出承諾，也等於把其他機會拒之門外了。
- 我不願決定要不要再婚，所以基本上，找已婚男人是安全的。我無法確定自己要什麼，也無法肯定我在尋找什麼。

已婚情人使女人脫離了婚戀市場，然而，她們尋求自我定位、自信與自我意識的過程，仍在繼續。

談一場婚外情，或許可以讓她們贏得一些時間來找到自我，確認未來的方向。但是，如果她們離開那段婚外情關係之後，未能更深入地理解自我，仍未確知自己在感情中想要的是什麼，怎能保證下一段婚外情有不同的結局？她們可能會繼續迴避「我是誰？」「我該不該結婚？」這些基本的問題。

我二十三歲的時候，和已婚男人戀愛是挺浪漫的。到了二十五歲，還是覺得戀愛既浪漫又酷。等到了三十八歲，你就發現這種關係並不酷。我也不能說我是浪費了生命，因為我一直都在追尋。

拒絕再做第三者

不過，還是有許多單身女性堅拒再當第三者。因婚外情而經歷的情感痛苦對她們造成的影響太大，再次當第三者成了她們未來絕不會考慮的事情。

她們認為自己在戀愛中所經歷最直接的問題就是情人已婚，在將來的感情中，她們想要避開已婚男人。

● 這段經歷讓我永遠不可能想再進入或者認可「非單一伴侶」的關係。絕對的，我受不了。太多的自欺欺人，太多的壓迫，太多的自憐了。

● 現在我想要的是一段明明白白的關係。我不想和那種跟其他人也有牽連的人在一起，因為很痛苦。那種關係非常混亂，我最後覺得付出的比得到的多，就是感覺不好。我不喜歡和其他女人競爭的感覺。我現在想要的就是沒有其他牽扯的性關係。

● 現在我理想中的安全、自主的關係，絕對就是一夫一妻的婚姻關係。

這些第三者重拾傳統價值觀：一夫一妻，承諾、信任與婚姻。

這些女人在充滿祕密、謊言和背叛的「第二世界」生活過，經歷了嚴重的痛苦及幻滅，所以她們拒絕再次踏入，連類似的情況都不想碰觸。如果無法擁有單一伴侶或其他形式的婚姻，她們寧願選擇一輩子單身，或者跟連名字都不知道的人當床伴，也不願意進入一段建立在欺騙之上的感情。

她們不僅想成為男人生命中最重要的女人，也要成為那個唯一的女人。同時，她們也想要與其他女人發展更單純、更真誠的人際關係。婚外情的經歷，使得她們更加認同妻子以及整個女性群體。

我瞭解婚外情會對妻子造成什麼傷害，部分原因是他為了另一個女人而離開我，而且我知道第三者總是會受傷。兩個女人都會受傷，這是一定的，我不認為有什麼辦法可以避免這種傷害。我不能忍受的是女人自己給了男人力量，去幫助他對付另外一個女人。

第三者對婚外情的評價，與她經歷的那段關係的好壞，以及她期待日後與男性和女性如何相處是直接相關的。

「要當心。」

有趣的是，無論將來是否還會成為第三者，當她們談到對於考慮當第三者的女性有什麼建議時，有一個說法是統一的，就是：「要當心。」她們話語中強調的小心謹慎，令人無法忽視。

●要當心。從這種關係中走出來的時候，能夠感覺很棒、很開心的可能性不大。女人會受傷，尤其是投入了感情的女人。你幾乎像是得過且過，你只能告訴自己：我這麼做是因為好玩、刺激，這種關係可能持續一輩子，或者只有短短一天，我沒辦法預料到底能維持多久。我得準備好，只要他想離開，我們就結束了。若你要玩，就得自負後果。

●你喜歡受罪嗎？你需要讓別人傷害你，讓你當受害者嗎？你得睜大眼睛，那是個完美的陷阱，你會受傷的。

●我會把後果告訴別人，你也可以告訴她們。一開始，我告誡自己不要和他在一起。我原本只想當朋友，過一段時間見個面，喝幾杯，聊聊天，從沒想過會發展成那樣。我心裡有個聲音說，如果回到過去重來的話，也許我會放棄他。我不敢相信已經一年三個月過去了，但是這能維持十五年嗎？

然而，誰也無法保證光小心就有用。單身女人通常不做冒險的事，既沒有打算要進入婚外情，也沒有打算要對已婚情人產生情感依戀。但是，有許多人陷了進去，社會對這種婚外情關係中的愛戀，扮演了催生的角色。

兩人一旦有了情感糾葛，彼此的祕密戀情將把他們從親朋好友的影響與支持中孤立出來。第三者會變得依賴情人，而他一旦可以控制她的時間，也就相當於控制了她的整個生活，就算再小心謹慎，也阻止不了這種情況發生。

由於人口、文化和社會力量的影響，單身女性持續地與已婚男人彼此靠近。警告她們「不要那麼做」不會有人理，建議她們「要當心」也毫無意義。身為第三者，她們明知在那種關係裡，自己真的有可能負傷。

她們對別人說「要當心」，其實，也是在對自己說。

前輩和新人

第三者因為婚外情關係而受傷，並不表示這種現象會停止。相反地，婚外情的普遍，正是現代生活的一種形態。這也就是涂爾幹所指的社會現實，就像結婚、離婚和自殺一樣。

根據現今的跡象來看，至少有一半的丈夫可能發生婚外情，而其中大部分是與單身女性在一起。

第三者主要可分為兩類：有經驗的，和沒經驗的。

當過第三者的女人，變得看重與已婚男性戀愛的價值，把這類戀情視為解決她們經濟、社交與性需求的長期途徑。

而新成為第三者的來源有兩個：每個剛離婚的女人都是潛在的第三者；每個還沒與已婚男人在一起過的單身女性，也都是潛在的新第三者，尤其是二十五歲以上的女人，因為女人每長一歲，獲得社會認可的感情的機會就減少一些。年紀愈大的女人，愈容易考慮找已婚男人來解決問題。

婚外情，讓男人同時掌控兩個世界

現今的女人成為第三者，不只因為想滿足自己的需要，也因為已婚男人需要。

事實上，第三者現象的普遍性可以從這個角度來理解：如今她們有一種社會功用，就是為整個男性群體服務。

第三者普遍可得，這對男人來說有什麼好處呢？首先，當然是源源不斷地獲得新的性伴侶。

但是，除了性之外，對男人還有許多其他的好處。

擁有婚外情，給了已婚男人擁有親密女性友誼的機會，有一個人可以聽他們訴說委屈，有個安全的人選可以讓他們表現自己脆弱的一面。如果選的是個年輕女人，更讓他們有機會重返青春，還給了他們機會同時掌控兩個世界──妻兒的「主要世界」與祕密的「第二世界」。

令人吃驚的是，性滿足、自信心和權力等，正是女性運動過去所挑戰的男性特權。

流失特權的男人

女性主義對於經濟與社會產生了影響，過去男人僅僅因為「是男性」就享有的特權正在消弭。愈來愈多的妻子離家工作，在經濟上獲得與丈夫平等的地位，原本由男性制定家中規矩、掌管家庭財務分配的權力減少了。而在性方面，女人至少擁有了掌控自己身體的基本權利，甚至性侵害在法律上也被重新定義為符合女人的認定，是違背女人的意志，而不是違背男人的意志。

在人際關係方面，有更多女性公開表示她們偏愛女人的陪伴和交往，對於男人的看法、受男人所喜愛不感興趣。

在男人工作的機構，女性受雇成為男人的同事和上司。法律支持職場中的平等機會，並且將任何不受歡迎，語言或非語言表達的親薄視為歧視或性騷擾。全國的大學、研究所與職業學校不斷湧入大批女學生。

在政治和宗教方面，女人不僅成為候選人和教堂主事，而且女人關注的問題也被寫進了政綱、布道講稿與教會章程裡。

簡而言之，男人無論往哪個方面看去，都會發現原本自己直接就有特權的舊世界，正因女人的介入與女人的成功而瓦解。男人一直在失去男性特權，但是和單身女人在一起，可以重拾特權。

以往，男性群體一直享有比女人更多的社經權力，在美國，這些權力受到社會制度共同支持。但是如今，男人不斷在失去原本僅靠性別就能得到的特權。第三者現象幫助男人贏回了部分失去的陣地⑬。

社會上有這樣一群女人是為男人帶來好處的，正如勞工會帶給工廠老闆利益，第三者族群可能僅會被當成為男人的現實而存在，就像短期工人和兼職工人一樣。

兩個被隔離的世界

如果第三者遭汙名化的情況減輕，就會有更多的女人考慮當第三者，不過，這並不表示這個角色是受到接納的。

第三者要完全受到寬恕是不大可能的，因為男人在婚外情中的權威，源自於這種戀情的祕密性以及其不為社會接受。對第三者的汙名導致了婚外情的祕密性質，也正是它給了男人掌控兩個世界的權力。

男人掌控著他的兩個世界，靠的是讓女人之間保持隔離，讓女人互把對方看成威脅，當作是與自己競爭同一個男人的對手。

被分裂之後，女人就被征服了。

儘管做丈夫的可能會經歷巨大的情感起伏與痛苦，但他確實既擁有妻小，又享有祕

⑬ 如果一種信仰或制度在維持現狀方面起著主要作用，而這種信仰或制度遭到了嚴重挑戰或者被去除，那麼它的替代物就會產生，來完成同樣的功能。舊觀念會被看似新的觀念所取代，但新觀念還是會為舊的目的服務。在所有已知的社會中，現況都是對統治階級有利的，不管是否明說，他們都有著既定的利益導向，也就是要維持自己的權力，並且會自覺或不自覺地支持那些站在他們立場的新文化元素。

密關係。與此同時，妻子只能兩害相權取其輕，在破敗的婚姻和離婚之間做出選擇。

如果妻子一直不知道丈夫出軌，她的痛苦或許可以最小化，然而，引起男人出軌的問題也就得不到解決，他很可能會有更多的婚外情，增加被妻子發現的可能。

假使妻子發現了丈夫的婚外情，並且成功地保住了婚姻，她的勝利也可能是在情感上空虛的。若選擇離婚，離開的時候，妻子很可能是情感上被榨乾，經濟陷入窘境的狀態。女人被設計進入一場彼此對立的局。

大體上來說，第三者現象的普遍將使這些情況保持穩定：男性的特權、異性戀關係的必要性、女性彼此間的不信任，以及在離婚時，伴隨著女性的社會、經濟等不利因素。第三者與情人建構的越軌世界終究沒那麼傷風敗俗。他們的婚外情關係，是在親身延續社會和文化中的男性特權高牆⑭。

不過，並非所有的單身女性都會成為第三者來支持男性特權的延續。比如，有些第三者脫離了過往的身分，拒絕將來再走進同樣的角色。有些單身女性則是從一開始就拒絕成為第三者。

不依靠男人的生活

但是，一旦將已婚男人從戀愛的可選資源中剔除，男性人數便大大減少，單身女人不僅沒有結婚對象，連可以非正式約會的男人都沒有了。現實情況就是單身女人可能永遠無法結婚、再婚，或者再與男人產生浪漫關係。部分女人面對現實，開始不靠男人生活。

我三十五歲了，外面沒有我可以選的男人。不只因為男人不夠，素質也是問題。我得自己照顧自己。

⑭ 重要的是，在這個層面上，單身女性與已婚男性的關係，和其他不為社會所接受的關係不同。雖然例如同性戀、跨種族以及熟女與年輕男子之類的關係，可能也是在祕密情況下建立，於是產生了比非祕密建立的關係更深的情感紐帶，但是，這些人在公共場合無法裝作尋常戀人一起出現，而她與他可以裝作尋常戀人出現。熟女與年輕男子、同性別以及跨種族戀人只要出現，他人便不可避免地會看出他們是打破了常規的，而會衝擊到社會的保守和現況。黑人男性與白人女性這種愈來愈普遍的跨種族組合模式，以及熟女與年輕男子的組合，尤其挑戰人們心中所預設，戀愛中的男性主導地位。在黑人男性和白人女性，以及熟女與年輕男子的關係中，兩性地位更平等，因為女人有著由種族或年齡所帶來的更高地位。

一旦女人相信只能依靠自己，對於工作和親密關係的安排，可能會有新的改變。比如，由於沒有男人的經濟支撐，她可能得把事業當成重點，在工作上多花些時間和心力，並從事業上得到更多成就和滿足⑮。

性的滿足

不過，正如男人長久以來就知道的，事業的成功與經濟的償付能力，並不能取代親密關係。如果沒有合適的單身男人，已婚男性又被排除在選項之外，那麼，女人要如何獲得性與情感方面的滿足呢？

其中一個選擇是：把自己的性需求當作純粹的生理需要，跟情感需求分開。雖然這對女人來說不容易，但是若能把想法和行動分離，就可以在不同的地方，分別尋得性滿足和情感滿足。

要滿足性需要，可以找床伴，也就是看似可以發生關係，但不適合做長期愛人的人。床伴可以是年齡、種族、階層「不適合」的男人、舞男，或者女人。

一名四十多歲的女主管與一個年輕士兵有了一段「二十分鐘的緣分」；一個異性戀女人「在同志酒吧跟一個拉拉走了」；一位三十五歲的老師去墨西哥旅遊時「和導遊睡

了」。這些邂逅或許能讓女人覺得，她們對自己的性感受有了更強的掌控力。

我現在可以把性和愛分開了，以前我做不到。這是世界上最能令我解放的事了。我可以在發生關係的同時，不覺得自己的感情被綁住。我在性愛上更開放，但是情感上不那麼脆弱了。

但是，不管什麼樣的性邂逅，無論和誰發生關係，都是要花時間、心力的，而且有健康、身體和情感上的風險，所以有些女人藉著性幻想和自慰來滿足需求。

現今文化的某些方面認可女性進行自慰。關於這一點，掛在牆上的男性雜誌和月曆，教女人如何自慰、匯整了女人性幻想的文章，以及關於自慰高潮的速度和強度的研

⑮儘管有一些女人在過去就是非常事業型的，但是，現今社會提供了巨大的機會，也就是不僅提供給女人贏得經濟安定的機會，也為女性提供機會來影響社會工作與經濟的建構。相較之下，事業型女性還是居少數。女人可以把關照人際關係的女性的社會屬性帶到管理和創業領域。職場狀況可能會改變，會變得反映女性管理者所關心的事情，以更全面的標準衡量員工的生產率。隨著女人在職場的獨立性增強，在如何花自己的錢方面也更獨立，包括花錢向其他女性尋求職業建議和服務。社會對女性律師、理財專業人員、會計師、股票經紀人和房地產經營者的需求可能會產生，這使得與第一經濟並駕齊驅，真正的第二經濟的發展變得可能。

究等足以證明。女人可以閱讀或想像性邂逅的場景，並經由自慰獲得高潮。

一個女人半認真地把她的按摩棒擬人化，她說：

「托尼」在我需要的時候總是在。我只要把他插上電源，我準備好時，他也同時準備好了，用不著來那套「我得先討好男人的自大心理，他才能上」。

並非所有女性都會固定找床伴或者以性幻想來滿足需求。對一些女人來說，性欲和親密情感的分離，可能轉化為完全或近乎完全的禁欲，包括自慰也不做。

儘管如今人們認為女人應該有需要滿足的性需求和性衝動，但是，許多女性不是沒有這種衝動，就是非常無規律且不頻繁，性愛對她們便沒那麼重要。畢竟，大部分女人都是被壓抑著性欲成長的，在她們眼中，禁欲被看作有一些正面效應。

我禁欲已經有幾年了。性愛對我來說沒那麼重要，性的重要性是被誇大了的。在沒有性生活的情況下，我有更多時間給自己，也有更多時間放在我重視的事情上。

我發現禁欲讓我更能體驗其他方面的感官享受。我愛游泳，很喜歡皮膚在水中的那種感覺。

這些性方面的選項在多數女人看來是黯淡蒼白的，不過，也可以把這些選項看作是暫時的，在找到合適的戀愛關係之前打發時間，而非永久，做出這些選擇就變得沒那麼困難。

在這個「暫時的」階段中，女人在行為上把「性」與情感的親密分開，也許對於和其他女性、家人的相處，會帶來一些正面影響。

其他親密情感的來源

如果女人在非浪漫的人際關係中能獲得情感滿足，那麼與女性朋友相聚或者同住，就可以成為優先選項。女人可能會把其他女性當作取暖、感受溫柔和友誼的主要可靠來源⑯。

單身女人也可能會尋找別的親密情感來源——

⑯ 如果真的有許多女人把和別的女性發展關係擺在重要位置，孩童就可以有許多成年單身女人幸福地生活到永遠的榜樣。這將使得女性的聲望在下一代眼中提升。

她們可以重新投入舊有的家庭角色中，比如當個「好阿姨」、「寵孩子的奶奶」，在大家庭中尋求有意義的親屬關係，同時也給了年輕一輩非主流生活方式的示範。

或者，單親媽媽可以把找對象和挽留感情的時間，轉而花在自己的小孩身上，孩子可能會帶給她溫暖和陪伴的回報。

更進一步地，就是靠收養或人工生殖來擁有孩子。在我們的文化發展過程中，性與婚姻愈來愈分開。透過分離性愛、生殖和婚姻，女性或許正在創造關於性與家庭的嶄新定義。

平等關係的基礎：自由與安全感

但是不管怎麼說，極少有單身女人可以靠工作、朋友、臨時的性邂逅、性幻想、家庭，或者其中某幾項，完全取代性愛。

人的情感需求太深奧，文化規範太強大。人是不斷在經歷社會化的，而且社交安排太以異性戀關係為中心，使得大多數沒有男伴的女人很難感到自己「有魅力」、「有價值」，或者「正常」。

由於社會上單身者的比例女多男少，因此，女人的選擇並不樂觀，有許多人還是可能會成為第三者。

不過，最有意思，卻也最給人希望的一點是：

拒絕再當第三者，接受「我可以終生不和男人有浪漫關係」的女性，將來再進入兩性關係時，最有可能與男性建立誠實、平等的關係。因為她們在經濟和心理皆獨立於男人之外，不需要湊合，不會妥協去接受一種不符合理想的狀態，不接受退而求其次。這些女人是以真正平等的個體姿態，進入兩性關係。

她們沒必要再當「尋找一段美好戀情卻陷入欺騙」的新時代第三者了，因為她們本身已擁有許多現代女性所追尋的——自由與安全感。

附錄一

訪談大綱

如你所知，我對於你在戀愛經歷中的感受很感興趣，希望知道你在戀愛前、戀愛過程中以及分手後的感受。我會問一些常見的問題。

我將把這份大綱當作參考範本，因此，在訪談結束前，可能會問一些我們尚未談過的問題。

關於這段戀情，我們可以從你想告訴我的部分開始談。我希望明白你的經歷和感受。

戀愛關係開始前

- 你如何描述在戀愛關係開始前，你的感受、你正在做的事情等？（比如角色過渡期。）

1. 年齡：
2. 婚姻狀態：
3. 婚史：
4. 監護子女（如果有）：
5. 職業狀態：
6. 教育程度：
7. 居住地：

進入戀愛關係

- 你們是怎麼相遇的？
- 你對他的第一印象是什麼？他是什麼樣的人？你如何描述他？
- 在你們認識多久之後，你第一次相信你們之間將會發生感情？
- 你是怎麼知道的？依據什麼線索？
- 你是如何處理這種想法的？（拒絕、接受或尋求建議等。）
- 戀愛關係的可能性是如何提出來的？（由其中一方口頭提出、非語言表達等。）
- 那時候，你是怎麼想的？

●你對這段戀愛關係的期待是什麼？（短期、長期等。）

●在產生念頭和開始戀愛之間，隔了多長時間？剛開始，你想過進入一段涉及性關係的婚外情嗎？

●你知道他的婚姻狀態嗎？

維持戀愛關係

●你們在一起的時間有多長？

●你們在一起時如何打發時間？做什麼事情？

●他或你的承諾發生過變化嗎？

●你自己的期待發生過改變嗎？

●他的呢？

●你們對他的婚姻談論得多嗎？比如：妻子、孩子。

●這段戀愛關係中，你最喜歡的是什麼？

●這段戀愛關係中，最令你困擾的是什麼？

【探究】1.協商不同程度的承諾。

2.協商不同的期望。

3. 假日，特殊事件。
4. 贈送禮物。
5. 互相聯繫。
6. 孩子：你的／他的。

- 有誰知道你們的關係：朋友（他的？你的？）？家庭成員（他的？你的？）？同事（他的？你的？）？或是他的妻子？
- 你們的關係是什麼時候被發現的？是怎麼被發現的？
- 別人發現後的反應怎樣？（支持嗎？）
- 對於其他人知道了你們的關係，你們如何處理？
- 你對他的妻子有什麼感覺？你是如何處理的？
- 你們只有彼此這一個情人嗎？
- 你如何評價這段戀愛關係中的性元素？
- 如果你是女性主義者，女性主義信念如何影響你們的關係？

結束戀愛關係（如果結束了）

- 這段戀愛關係維持了多久？
- 關係是如何終止的？
- 他離開他的妻子了嗎？
- 誰主動終止關係的？
- 如何發起終止行動？你發現了暗示關係走向終結的線索嗎？
- 如果你要為這段關係寫一篇哀悼文，你打算寫什麼？
- 你會再次進入這樣的戀愛關係嗎？
- 關於這段關係，還有其他我應該知道的事情嗎？

餘波（如果有的話）

- 你如何描述自己現在與男性的關係？和女性的關係呢？
- 你對婚姻的態度是什麼？對工作、男性和女性的態度呢？

一般問題

- 你認為大部分女人進入這種關係的原因是什麼？
- 你認為女人從這種關係中得到什麼？
- 你認為有某些特定類型的女人更容易捲進這種關係嗎？如果有，是哪些類型的女人？
- 你認為男人進入這種關係的原因是什麼？
- 你認為有某些特定類型的男人更容易捲進這種關係嗎？你能描述一下他們嗎？
- 你會對正在考慮展開這種關係的女人提出什麼建議？
- 你會再和已婚男人談戀愛嗎？
- 與單身男人的戀愛相較，你如何描述和已婚男人的戀愛？
- 為什麼你認為某些婚外情只是一夜情，其他的則是情感更深厚而堅定的？
- 你認為一夜情安全嗎？

目前的人口統計資料

1.年齡：
2.婚姻狀態：
3.職業：
4.教育程度：
5.監護（子女）狀態：
6.住所：

其他

● 如果我有需要，能再打電話給你嗎？若你有需要，請儘管聯繫我。謝謝。

附錄二

參考書目

●ADAMS, VIRGINIA

1982 "Getting at the Heart of Jealous Love." In Robert H. Walsh and Ollie Pocs (eds.), Marriage and Family 82/83. Guilford, Conn.: Annual Editions, Dushkin, 39-44.

●ALTMAN, MERYL

1984 "Everything They Always Wanted You to Know: The Ideology of Popular Sex." In Carole S. Vance (ed.), Pleasure and Danger: Exploring Female Sexuality. Boston: Routledge and Kegan Paul, 115-130.

●ATWATER, LYNN.

1982 The Extramarital Connection: Sex, Intimacy, and Identity. New York: Irvington.

●BAETZ, RUTH

1984 "The Coming-Out Process: Violence Against Lesbians." In Trudy Darty and Sandee Potter (eds.), Women-Identified-Women. Palo Alto, Ca.: Mayfield, 51-67.

●BARKAS, JANET LESS

1983 Friendship Throughout Life. New York: Public Affairs Pamphlets.

●BARRY, KATHLEEN

1984 "Female Sexual Slavery." In Alison M. Jagger and Paula S. Rothenberg (eds.), Feminist Frameworks. New York:

McGraw-Hill, 405-416.
●BELL, ROBERT R.
1981 Worlds of Friendship. Beverly Hills, Ca.: Sage.
●BERGER, PETER L.
1963 Invitation to Sociology: A Humanistic Perspective. Garden City, N.Y.: Doubleday.
●BERGER, PETER L., AND HANS F. KELLNER
1964 "Marriage and the Construction of Reality." Diogenes 46:1-25.
●BERMAN, ELEANOR
1984 "What Working Women Tell Their Therapists." Working Mother (March): 29-32.
●BERNARD, JESSIE
1971 "The Paradox of the Happy Marriage." In Vivian Gornick and Barbara Moran (eds.), Women in Sexist Society: Studies in Power and Powerlessness. New York: New American, 145-163.
1979 "Foreword." In George Levinger and Oliver C. Moles (eds.), Divorce and Separation: Context, Causes, and Consequences. New York: Basic, ix-xv.
●BIRD, LOIS S.
1970 How to Be a Happily Married Mistress. Garden City, N.Y.: Doubleday.
●BLAU, PETER
1964 Exchange and Power in Social Life. New York: Wiley.
●BLUMSTEIN, PHILLIP, AND PEPPER SCHWARTZ
1983 American Couples: Money, Work, Sex. New York: Morrow.
●BRADFORD, DAVID L., ALICE G. SARGENT, AND MELINDA S. SPRAGUE
1980 "The Executive Man and Woman: The Issue of Sexuality." In Dail Ann Neugarten and Jay M. Shafrit (eds.), Sexuality in Organizations: Romantic and Coercive Behaviors at Work. Oak Park, Ill.: Moore,17-28.
●BROWNSTEIN, RACHEL M.
1984 Becoming a Heroine: Reading about Women in Novels. New York: Penguin.
●CALDERONE, MARY S.
1984 "Above and Beyond Politics: The Sexual Socialization of Children." In Carole S. Vance (ed.), Pleasure and Danger: Exploring Female Sexuality. Boston: Routledge and Kegan Paul, 131-137.

•CARGAN, LEONARD

1982 Singles: Myths and Realities. Beverly Hills, Ca.: Sage.

•CASSELL, CAROL

1984 Swept Away: Why Women Fear Their Own Sexuality. New York: Simon & Schuster.

•CAVAN, SHERRI

1966 Liquor License: An Ethnography of Bar Behavior. Chicago: Aldine.

•CHODOROW, NANCY

1978 The Reproduction of Mothering: Psychoanalysis and the Sociology of Gender. Berkeley, Ca.: U. of California P.

•COOK, JUDITH A.

1982 "The Adjustment of Parents Following the Death of a Child from a Terminal Illness." PhD dissertation, The Ohio State University, Columbus, Ohio.

•COZBY, PAUL C.

1973 "Self-Disclosure: A Literature Review." Psychological Bulletin 79: 73-91.

•CUNNINGHAM, MARY

1984 Power Play: What Really Happened at Bendix. New York: Simon & Schuster.

•DANIELS, ARLENE KAPLAN

1967 "The Low-Caste Stranger in Social Research." In Gideon Sjoberg (ed.), Ethics, Politics, and Social Research. Cambridge, Mass.: Schenkman, 267-296.

•DIAMOND, JOHN TIMOTHY

1977 "On the Social Structure of Imagery: The Case of Gender." PhD dissertation, The Ohio State University, Columbus, Ohio.

1983 "Caring Work." Contemporary Sociology 13: 556-558.

•DILORIO, JUDITH A.

1982 "Nomad Vans and Lady Vanners: A Critical Feminist Analysis of a Van Club." PhD dissertation, The Ohio State University, Columbus, Ohio.

•DOUDNA, CHRISTINE (WITH FERN MCBRIDE)

1981 "Where Are the Men for the Women at the Top." In Peter Stein (ed.), Single Life: Unmarried Adults in Social Context,

New York: St. Martin's, 21-34.

●EHRENREICH, BARBARA

1983 The Hearts of Men: American Dreams and the Flight from Commitment. Garden City, N. Y.: Doubleday.

●EICHLER, MARGRIT

1980 The Double Standard: A Feminist Critique of Feminist Social Science. New York: St. Martin's.

●ELBAUM, PHILLIP L.

1981 "The Dynamics, Implications, and Treatment of Extramarital Sexual Relationships for the Family Therapist." Journal of Marital and Family Therapy 7: 489-495.

●EPSTEIN, CYNTHIA

1970 Women's Place: Options and Limits on a Professional Career. Berkeley, Ca.: U. of California P.

●ESKAPA, SHIRLEY

1984 Woman Versus Woman: The Extramarital Affair. New York: Franklin Watts. GARFINKEL, HAROLD

1968 Studies in Ethnomethodology. Englewood Cliffs, N. J.: Prentice-Hall.

●GILLESPIE, DAIR L.

1971 "Who Has the Power? The Marital Struggle." Journal of Marriage and the Family 33:445-458.

●GILLIGAN, CAROL

1982 In a Different Voice: Psychological Theory and Women's Development. Cambridge, Mass.: Harvard U. P. GLASER, BARNEY G., AND ANSELM STRAUSS

1967 The Discovery of Grounded Theory: Strategies for Qualitative Research. Chicago: Aldine.

●COFFMAN, ERVING

1963 Stigma: Notes on the Management of Spoiled Identify. Englewood Cliffs, N. J.: Prentice-Hall.

1976 Gender Advertisements. New York: Harper.

●GOLDMAN, NOREEN, CHARLES WETOFF, AND CHARLES HAMMERSLOUGH

1984 "Demography of the Marriage Market in the United States." Population Index 50, 1:5-25.

●GORDON, MICHAEL, AND PENELOPE SHANKWEILER

1971 "Different Equals Less: Female Sexuality in Recent Marriage Manuals." Journal of Marriage and the Family 33:459-466.

●GRAUERHOLZ, ELIZABETH

1983 "Initiation and Response: The Dynamics of Sexual Interaction." Unpublished paper, Indiana University, Bloomington,

Ind.

●GUTTENTAG, MARCIA, AND PAUL SECORD

1983 Too Many Women? The Sex Ratio Question. Beverly Hills: Sage. HACKER, ANDREW, EDITOR

1983 U/S: A Statistical Portrait of the American People. New York: Viking.

●HENLEY, NANCY M.

1977 Body Politics: Power, Sex, and Nonverbal Communication. Englewood Cliffs, N. J.: Prentice-Hall.

●HESS, BETH B.

1981 "Friendship and Gender Roles over the Life Course." In Peter Stein (ed.), Single Life: Unmarried Adults in Social Context. New York: St. Martin's, 104-115.

●HESS, BETH B., ELIZABETH W. MARKSON, AND PETER STEIN

1985 Sociology. New York: Macmillan.

●HILL, CHARLES T., ZICK RUBIN, AND LETITIA ANNE PEPLAU

1979 "Breakups Before Marriage: The End of 103 Affairs." In George Levinger and Oliver C. Moles (eds.), Divorce and Separation: Context, Causes, and Consequences. New York: Basic, 64-82.

●HOCHSCHILD, ARLIE RUSSELL

1983 The Managed Heart: Commercialization of Human Feeling. Berkeley: U. of California P.

●HUBER, JOAN

1983 "Ambiguities in Identity Transformation: From Sugar and Spice to Professor." In Laurel Richardson and Verta Taylor (eds.), Feminist Frontiers: Rethinking Sex, Gender, and Society. Boston, Mass.: Addison Wesley, 330-337.

●HUBER, JOAN, AND GLENNA SPITZE

1983 Sex Stratification: Children, Housework, fobs. New York: Academic.

●JOURARD, SIDNEY M.

1964 The Transparent Self New York: Van Nostrand.

1971 Self-Disclosure: An Experimental Analysis of the Transparent Self New York: Wiley-Interscience.

●KALMUSS, DEBRA, AND MURRAY STRAUS

1982 "Wives' Marital Dependency and Wife Abuse." Journal of Marriage and the Family 44:277-286.

●KING, KARL, JACK 0. BALSWICK, AND IRA E. ROBINSON

1977 "The Continuing Premarital Sexual Revolution Among College Females." Journal of Marriage and the Family (August):

455-459.
●KORDA, MICHAEL
1973 Male Chauvinism: How It Works. New York: Random. LATANé, Bibb, and John M. Darley
1969 "Bystander Apathy." American Scientist 57:224-268.
●LAWS, JUDITH LONG, AND PEPPER SCHWARTZ
1977 Sexual Scripts: The Social Construction of Female Sexuality. Hinsdale, Ill.: Dryden.
●LEMKAU, JEANNE PARR
1979 "Personality and Background Characteristics of Women in MaleDominated Occupations: A Review." Psychology of Women Quarterly 4(2):221-240.
●LESTER, MARILYN
1979 "Making Music Together: A Sociological Formulation of Intimate Encounters Between Males and Females." Presented to the American Sociological Association Meetings, Boston, Mass.
●LEVER, JANET
1976 "Sex Differences in the Games Children Play." Social Problems 23:478-487.
1978 "Sex Differences in the Complexity of Children's Play and Games."
American Sociological Review 43:471-483.
●LEVINGER, GEORGE
1979 "A Social Psychological Perspective on Marital Dissolution." In George Levinger and Oliver C. Moles (eds.), Divorce and Separation: Context, Causes, and Consequences. New York: Basic, 37-60.
●LEVINSON, DANIEL J.
1978 The Seasons of a Man's Life. New York: Knopf.
●LIBBY, ROGER W.
1977 "Extramarital and Comarital Sex: A Critique of the Literature." In Roger W. Libby and Robert N. Whitehurst (eds.), Marriage and Its Alternatives: Exploring Intimate Life Styles. Glencoe, Ill.: Scott Foresman, 80-111.
●LIPMAN-BLUMEN, JEAN
1984 Gender Roles and Power. Englewood Cliffs, N. J.: Prentice-Hall.
●McCLELLAND, DAVID C.
1975 Power: The Inner Experience. New York: Irvington.

●MAcKINNON, CATHERINE A.

1979 Sexual Harassment of Working Women: A Case of Sex Discrimination. New Haven, Conn.: Yale U. P.

●MENAGHAN, ELIZABETH G.

1983 "Individual Coping Efforts: Moderators of the Relationship Between Life Stress and Mental Health Outcomes." In Howard B. Kaplan (ed.), Psychological Stress: Trends in Theory and Research. New York: Academic, 157-189.

●MERTON, ROBERT K.

1957 Social Theory and Social Structure. New York: Free Press.

●Moos, RUDOLPH H., AND ANDREW G. BILLINGS

1982 "Conceptualizing and Measuring Coping Resources and Processes." In Leo Goldberger and Shlomo Breznitz (eds.), Handbook of Stress: Theoretical and Clinical Aspects. New York: Free Press, 212-230.

●MORGAN, MARABEL

1973 The Total Woman. New York: Pocket Books.

NASS, GILBERT D., ROGER W. LIBBY, AND MARY PAT FISHER

1981 Sexual Choices. Belmont, Ca.: Wadsworth.

●NEUGARTEN, DAIL ANN, AND JAY M. SHAFRITZ, EDITORS

1980 Sexuality in Organizations: Romantic and Coercive Behaviors at Work. Oak Park, Ill.: Moore.

●NORTH, MAURICE, AND FREDERICK TAOLES

1977 "Is Adultery Biological?" New Society 21, 772:125-126.

●PATTERSON, JOAN M., AND HAMILTON I. McCUBBIN

1984 "Gender Roles and Coping. " Journal of Marriage and the Family 46:95-104.

●PHILLIPS, JOHN A.

1984 Eve: The History of an Idea. New York: Harper.

●PIETROPINTO, ANTHONY, AND JACQUELINE SIMENAUR

1977 Beyond the Male Myth. New York: New American Library.

●REISS, IRA L.

1960 Premarital Sexual Standards in America. New York: Free Press.

1980 Family Systems in America, 3rd ed. New York: Holt.

●REISS, IRA L., AND BRENT C. MILLER

1979 "Heterosexual Permissiveness: A Theoretical Analysis." In Wesley R. Burr, Reuben Hill, Ivan Nye, and Ira L. Reiss (eds.), Contemporary Theories about the Family, Vol. 1. New York: Free Press, 57-100.

●REISS, IRA L., R. E. ANDERSON, AND G. c. SPONAUGLE

1980 "A Multivariate Model of the Determinants of Extramarital Sexual Permissiveness." Journal of Marriage and the Family 42:395-411.

●RICH, ADRIENNE

1980 "Compulsory Heterosexuality and Lesbian Existence." Signs 5 (Summer):631-660.

●RICHARDSON, LAUREL (WALUM)

1979 "The 'Other Woman': The End of the Long Affair." Alternative Lifestyles 2:397-414.

1981 The Dynamics of Sex and Gender: A Sociological Perspective. Boston, Mass.: Houghton.

●RICHARDSON, LAUREL, AND VERTA TAYLOR, EDITORS

1983 Feminist Frontiers: Rethinking Sex, Gender, and Society. Boston, Mass.: Addison-Wesley.

●ROBERTSON, IAN

1977 Sociology. New York: Worth.

●RUBIN, LILLIAN B.

1983 Intimate Strangers: Men and Women Together. New York: Harper.

●RUBIN, ZICK

1974 "Lovers and Other Strangers: The Development of Intimacy in Encounters and Relationships." American Scientist 62:182-190.

●RUDDICK, SARA, AND PAMELA DANIEL, EDITORS

1977 Working It Out. New York: Pantheon.

●SAFILIOS-ROTHSCHILD, CONSTANTINA

1977 Love, Sex, and Sex Roles. Englewood Cliffs, N. J.: Prentice-Hall.

●SALUTER, ARLENE

1983 "Marital Status and Living Arrangements: March, 1983." Current Population Reports, Population Characteristics. Series P-20, No. 389, issued June, 1983. Washington, D. C.: Bureau of the Census.

●SANDS, MELISSA

1981 "When Women Have Affairs… Myths About 'Mistresses'." MS. Magazine (November): 116.

•SANGIOVANNI, LUCINDA

1978 Ex-Nuns: A Study of Emergent Role Passage. Norwood, N. J.: Ablex.

•SARSBY, JACQUELINE

1983 Romantic Love and Society: Its Place in the Modern World. New York: Penguin.

•SCHUR, EDWIN M.

1984 Labeling Women Deviant: Gender, Stigma, and Social Control. New York: Random.

•SHEEHY, GAIL

1976 Passages: Predictable Crises of Adult Life. New York: Dutton.

•SIMENAUER, JACQUELINE, AND DAVID CARROLL

1982 Singles: The New Americans. New York: New American Library.

•SIMMEL, GEORG

1950 The Sociology of Georg Simmel. Trans. and ed. Kurt H. Wolff. New York: Free Press.

•SNITOW, ANN, CHRISTINE STANSALL, AND SHARON THOMPSON, EDITORS

1983 Powers of Desire: The Politics of Sexuality. New York: Monthly Review Press.

•SPAKE, AMANDA

1984 "The Choices that Brought Me Here." MS. Magazine (November):48-52, 138.

•SPANIER, GRAHAM B., AND RANDIE L. MARGOLIS

1983 "Marital Separation and Extramarital Sexual Behavior." The Journal of Sex Research 19:23-48.

•STATHAM, ANNE

1984 "Women and Men Supervisors and Their Secretaries: The Implications of Sex Differences in Managerial Styles." Unpublished manuscript, University of Wisconsin-Parkside.

•STATHAM, ANNE (MACKE), AND LAUREL RICHARDSON (WITH JUDITH A. COOK)

1980 Sex-Typed Teaching Styles of University Professors and Student Reactions. Washington, D. C.: National Institute of Education.

•STEIN, PETER

1981 "Understanding Single Adulthood." In Peter Stein (ed.), Single Life: Unmarried Adults in Social Context. New York: St. Martin's, 9-21.

•STRAUS, MURRAY, RICHARD GELLES, AND SUSAN STEINMETZ

1980 Behind Closed Doors: Violence in the American Family. Garden City, N. Y.: Doubleday.
●STREAN, HERBERT S.
1980 The Extramarital Affair. New York: Free Press.
●STRYKER, SHELDON
1980 Symbolic Interactionism: A Social Structural Version. Menlo Park, Ca.: Benjamin/Cummings.
●STRYKER, SHELDON, AND ANNE STATHAM
1985 "Symbolic Interaction and Role Theory." In Gardner Linzey (ed.), Handbook of Social Psychology. Forthcoming.
●SWAIN, SCOTT 0.
1984 "Male Intimacy in Same-Sex Friendship: The Impact of GenderValidating Activities." Presented to the American Sociological Association Meetings, San Francisco.
●SWIDLER, ANN
1980 "Love and Adulthood in American Culture." In Neil Smelser and Erik Eriksen (eds.), Theories of Work and Love in America, Cambridge, Mass.: Harvard U. P. 120-147.
●TAYLOR, VERTA
1983 "The Future of Feminism in the 1980s: A Social Movement Analysis." In Laurel Richardson and Verta Taylor (eds.), Feminist Frontiers: Rethinking Sex, Gender, and Society. Boston, Mass.: Addison-Wesley, 434-451.
●THOMAS, KEITH
1980 Religion and the Decline of Magic. New York: Penguin.
●THOMPSON, ANTHONY B.
1983 "Extramarital Sex: A Review of the Research Literature." The Journal of Sex Research 19, 1:1-22.
●U. S. BUREAU OF THE CENSUS
1984 Statistical Abstracts of the United States, 1984. Washington, D. C.: U. S. Government Printing Office.
●VANCE, CAROLE S., EDITOR
1984 Pleasure and Danger: Exploring Female Sexuality. Boston: Routledge and Kegan Paul.
●WALSTER, ELAINE G., WILLIAM WALSTER, JANE PILIAVIN, AND LYNN SCHMIDT
1973 "Playing Hard to Get: Understanding an Elusive Phenomenon." Journal of Personality and Social Psychology 26, 2:113-121.

●WEITZMAN, LENORE

1985 Divorce: Social and Economic Implications for Women and Children. New York: Free Press.

●WEST, CANDACE

1979 "Against Our Will: Male Interruptions of Female Conversations in Cross-Sex Conversation." In Judith Orasnu, Mariam K. Slater, and Lenore Loeb Adler (eds.), Language, Sex, and Gender: Does La Difference Make a Difference? New York: New York Academy of Sciences Annals, 81-100.

●WISEMAN, JACQUELINE

1976 "Sex as a Personal and Social Phenomenon." In Jacqueline P. Wiseman (ed.), The Social Psychology of Sex. New York: Harper, 10-16.

●WRIGHT, PAUL H.

1982 "Men's Friendships, Women's Friendships, and the Alleged Inferiority of the Latter." Sex Roles 8:1-21.

●YABLONSKY, LEWIS

1979 The Extra-Sex Factor. New York: Times.

●ZATZ, JUDITH MILSTEIN

1976 "How Do You Love Me? Let Me Count the Ways (The Phenomenology of Being Loved)." Sociological Inquiry 46:17-22.

●ZETTERBERG, HANS L.

1966 "The Secret Ranking." Journal of Marriage and the Family 28, 2:161-166.

作者致謝

感謝分享生命故事的你們

如果沒有這些女性與我分享她們的人生故事，我根本無法完成這本書，所以，首先和最重要的是，我非常感謝她們。

此外，若沒有俄亥俄州立大學與我的同事、朋友們的幫助，書稿可能還無法定稿。俄亥俄州立大學的支持使我得以享有學術假期，期間，我完成了書的概念部分。

社會學系為我提供了文書與電腦的幫助。在寫作的不同階段，一些人閱讀及討論了書中的內容，分別是：芭娃（Nora Bawa）、貝克（Howard Becker）、庫克（Judith Cook）、庫珀（Roger Cooper）、休伯（Joan Huber）、克爾（Elaine Kerr）、基斯納（Betty Kirschner）、瑪澤（Penelope Maza）和梅納根（Elizabeth Menaghan），他們的專業見解與建議非常有價值。阿特霍特（Lynn Atwater）、戴門（Tim Diamond）、

弗諾（Marry Margaret Fonow）、岡森（Harriet Ganson）和史戴珊（Anne Statham）在我寫作的不同階段，幫忙閱讀書稿，提出批評意見，並與我詳細討論，他們在百忙之中慷慨贈予我時間和知識，我真的不勝感激。

自由出版社（Free Press）的編輯塞爾查（Joyce Seltzer）發掘出我這些資料具有的潛力，並且強力督促我尋找發揮這些資料最大價值的可能。我在自由出版社接觸的每一個人都特別有才華，都給了我幫助：史特勞斯（Karen Strauss）、路易斯（Edith Lewis）、霍赫貝爾（Louise Hochberg）和赫斯特（Ann Hirst）。

最後，我要對羅克里奇（Ernest Lockridge）致以深深的謝意，是他鼓勵我寫這本書，他理解我在寫作時遇到的困難，他讀了每一版的草稿，也從許多方面對我的寫作及我本人表示關心。

譯者後記一

從第三者的角度審視愛情

羅愛萍

只要婚姻制度存在，出軌就不可避免。女人的傳統角色是妻子和母親，單身女人的出現，成了女性群體中的第三類人。單身女性人數的增多，與男人接觸的機率增加，可供戀愛的男性數量減少，共同指向了一種新的現象：

單身女人和已婚男人的情感糾纏。

二〇一五年十一月，我在美國堪薩斯州的曼哈頓度假時，無意中在亞馬遜網路書店發現了這本書。

在中文世界，我從來沒有發現以女性第三者為研究主體的書籍，連論文都極其罕有。所以，這本書的書名深深吸引了我，五美元的低價又促使我毫不猶豫地買下此書。

幾天後，書送到了我的住所。當天晚上，我翻開了第七章〈失去控制的感覺〉，沒想到一口氣讀完了。

閱讀這一章時，充滿熟悉感，與已婚男人談戀愛的西方單身女人，和東方單身女人有著共同的不滿、麻煩、煩惱及痛苦。

由於蘿芮・理查森博士是社會學家，經由可靠的深度訪談，全面而系統地展現了這種關係不為人知的經歷和情緒。

在這本書的帶領之下，我一下子進入了一個生活中常見，卻不為人知的隱祕世界。

已經許久沒有遇到一本讓我無法停止的書，至今仍然記得，那天晚上十一點多，我斜躺在沙發上，一邊津津有味地讀，一邊倒抽著冷氣。是的，單身女人在與已婚男人的愛情中的遭遇，讓我倒抽一口冷氣。

愛情，除卻光鮮的外衣，成為男人控制女人的工具之後，是如此不堪和令人難愛。而一直以來，愛情呈現的面目都是純潔而美好的。

這本書提出一個問題：

當愛情給女人帶來難以承受之重，究竟是愛情錯了，還是女人錯了？

翻譯這本書之前，我對第三者的瞭解來自於不絕於耳的「原配打小三」、「小三被燒死」、「二奶殺手」等類型的新聞。殺氣騰騰的現實與評論背後，充斥著對女性第三者深入骨髓的仇視。

在網路上的討論中，每次談起第三者，幾乎每一個女人都會不自覺地自我代入到妻子的角色，毫無保留地宣洩憤怒和道德譴責，彷彿這是領取獎賞的籌碼。

道德對婚姻忠誠的約束力降至了歷史低點，已婚男女出軌愈發普遍，習慣爭鬥的女人帶動了整個社會，將對插足家庭的第三者的恨意推至新的高度，以至於女性「第三者」的稱謂從一個中立的名詞，被一個時髦卻充滿鄙視的專有名詞所取代——小三。對比之下，插足他人家庭的男性第三者悄然隱匿。

我知道第三者處於弱勢的地位，但沒有想到如此弱勢，以蘿芮・理查森博士的話來說，「她們是『第二世界』裡的『第二性』」。而這個第二世界，是不得不隱藏的、神祕而黑暗的世界。

理查森博士用了五十五個第三者或具有第三者經歷女性的真實故事，展現了一副被忽略的第三者的生活畫面。書中所描述的第三者的日常生活、體驗和感受，與其他千千萬萬普通女人（妻子）相差無幾，愛情、工作、生活快樂、憂慮、苦惱、痛苦……

令我難受和感到不公的是，如果說妻子是弱勢的，但她至少擁有道德與法律的武器，她能夠得到理解、支持和幫助。但第三者，作為第二世界中的第二性，卻只能一個人孤軍奮戰；她的對手除了占有性別優勢的男人，還有強大的社會文化和社會制度。

而造成這種差別的原因僅僅在於，她們與男人的關係不同所造成的身分差異——妻子和第三者。

此書在美國的出版時間是一九八五年，距今已經三十多年。聯繫作者之前，我也曾經猶豫，這本書會不會太久遠。一位美國朋友說，如果你認為它的確有所啟發，就不需要考慮這本書在美國的出版時間。

的確，現代社會與蘿芮・理查森博士撰寫此書時的背景是相似的：單身女性數量龐大，增長迅猛。當女性的單身期延長後，和已婚男人談戀愛的機率大大增加。

根據我寫《中國剩女調查》時的訪談，以及近幾年與單身女性的交流，單身女人和已婚男人發生情感糾葛的確比較常見，尤其是三十五歲以上的單身女人，可供戀愛、結婚的男人變少之後，已婚男人是比較便利的選擇。

就這樣，我聯繫了蘿芮・理查森博士並獲得她的授權，拿到此書的版權，開啟了與王蜂的第二度合作。

這次翻譯是一次美妙的旅程，時常收穫因為瞭解一個未知世界的驚喜，儘管這個世界悲喜交加。

我非常希望，這本書的出版能增進社會大眾對第三者群體的瞭解，消除女人之間的互相仇視。此外，這本書的意義是不言而喻的，它的出版，將為第三者研究領域貢獻一分力量，我深感榮幸。

譯者後記二

給第三者帶來痛苦的罪魁禍首，是誰？

王蜂

第一次看到這本書，是二〇一二年。當時，網路上已經出現了為第三者主張權利的呼聲，那主要是一群當過第三者或仍為第三者，以及有意在將來成為第三者的女人。

她們與主張壓制婚外情、壓制介入感情的舊觀念形成對峙，對抗的主要對象，是社會觀念和原配（妻子），而不是出軌的男人。

她們為第三者主張權力的呼聲，基本僅限於這兩點：

第一，女人當第三者應該是她的自由，別人無權用道德理由來干涉。

第二，第三者有權免受不法侵害，比如羞辱和毆打等，也有權不因第三者身分，而在法庭上被法官另眼相看。

千言萬語傳達著一段突出的潛台詞：「當第三者對我們有吸引力，也可以給我們帶來好處，我們需要為我們的第三者之路清除障礙。」

我一直懷疑，沒有學者客觀深入的研究作為依據，僅靠在婚外情問題上「不識廬山真面目，只緣身在此山中」的人們主張自己的權力，到底能發揮多少作用，到底能不能改善第三者的命運。

蘿芮・理查森博士的這本書，為女性的權力打開了新視野。五十五位單身第三者內心深處的故事告訴我們：為什麼各種不同宗教、階級、身分、背景，平平常常的女性都可能成為第三者；與已婚男人的戀情，為何對單身女性有著情感上的巨大吸引力；她們透過當第三者來做「自由新女性」的夢想是如何破滅的；出軌的男人是怎樣對第三者進行欺騙、控制、輕視、羞辱和拋棄；第三者經歷著哪些痛苦，她們的未來在哪裡；為什麼當今的男人既希望大批的第三者存在於社會，又不希望她們擁有「過多」權力……

本書也著重在告訴讀者，那些沒有一紙婚書制約，沒有婚內共同財產和孩子牽制，本應可以自由離去的第三者，是如何在沒有預料的情況下，一步步淪為被男人控制的處境，淪為與出軌者的妻子一樣，或者更差的地位。這讓我們思考，女性的自由來自何方。

書中的受訪者們，沒有一人提到有原配或者原配子女等人對她們有不法侵害，也沒有一人提到因為婚外情的事情對簿公堂，而遭到了不公正的判決。可見，這種極端事件的發生比重是比較小的。然而，在沒有遭到這些來自外界的極端迫害的情況下，第三者們仍然遭遇諸多不好的經歷。這令我們思考：為第三者帶來痛苦的罪魁禍首，是誰？

給她們權力的第一步，就是幫她們看穿：現在你身上正在發生的事情，是多麼老套；這段感情未來的發展方向，有哪些可能；他可能會使用什麼手段，你會因此產生哪些感受；天下沒有不散的筵席，哪種終結方式對你最為有利……

本書最初寫於三十多年前，一九八五年在美國出版。當時的社會背景和現在有一些不同，比如：當時網路不普及，網戀幾乎不存在，情人之間是以電話和書信聯繫；西方傳統上就是一夫一妻制，國王也不能多娶，而東方有男人納妾的歷史，女人嫉妒會犯「七出」，丈夫可藉此休妻。所以在這兩種文化中，男人對女人忍耐力的期望值也不同。

但是，即使時代背景不一樣，不同民族的婚外情，主流基調是大同小異的，因為當時與現在的社會，都處於性解放剛剛普及不久的新、舊思想交匯期。而且，無論三十年前或現代，我們都是普通人，都有著天然的，情感上的本能和弱點。

看到這本書之後的第四年，我把它翻譯出來，圓了我與它的因緣。希望有更多人像蘿芮・理查森博士一樣，讓不摻雜私利與成見的調查研究，成為女性運動的基石。

國家圖書館預行編目資料

夾縫中的女人／蘿芮・理查森
（Dr. Laurel Richardson）著; 羅愛萍、王蜂譯.
——初版.——臺北市：寶瓶文化, 2018.10　面；公分.——（Vision; 165）
譯自：THE NEW OTHER WOMAN: Contemporary Single Women in Affairs with Married Men
ISBN 978-986-406-135-8（平裝）
1.外遇 2.情婦 3.婚姻

544.382　　107016124

Vision 165

夾縫中的女人

作者／蘿芮・理查森（Dr. Laurel Richardson）
譯者／羅愛萍、王蜂

發行人／張寶琴
社長兼總編輯／朱亞君
副總編輯／張純玲
資深編輯／丁慧瑋
編輯／林婕伃・周美珊
美術主編／林慧雯
校對／丁慧瑋・陳佩伶・劉素芬
業務經理／黃秀美　企劃專員／林歆婕
財務主任／歐素琪　業務專員／林裕翔
出版者／寶瓶文化事業股份有限公司
地址／台北市110信義區基隆路一段180號8樓
電話／(02)27494988　傳真／(02)27495072
郵政劃撥／19446403　寶瓶文化事業股份有限公司
印刷廠／世和印製企業有限公司
總經銷／大和書報圖書股份有限公司　電話／(02)89902588
地址／新北市五股工業區五工五路2號　傳真／(02)22997900
E-mail／aquarius@udngroup.com

著作完成日期／一九八五年
初版一刷日期／二〇一八年十月四日

ISBN／978-986-406-135-8
定價／三五〇元

AQUARIUS 寶瓶 文化事業

愛書人卡

感謝您熱心的為我們填寫，
對您的意見，我們會認真的加以參考，
希望寶瓶文化推出的每一本書，都能得到您的肯定與永遠的支持。

系列：Vision 165 **書名：夾縫中的女人**

1.姓名：＿＿＿＿＿＿＿＿ 性別：□男 □女

2.生日：＿＿＿年＿＿＿月＿＿＿日

3.教育程度：□大學以上 □大學 □專科 □高中、高職 □高中職以下

4.職業：＿＿＿＿＿＿＿＿

5.聯絡地址：＿＿＿＿＿＿＿＿＿＿＿＿＿＿＿＿

聯絡電話：＿＿＿＿＿＿＿＿ 手機：＿＿＿＿＿＿＿＿

6.E-mail信箱：＿＿＿＿＿＿＿＿＿＿＿＿

□同意 □不同意 免費獲得寶瓶文化叢書訊息

7.購買日期：＿＿ 年 ＿＿ 月 ＿＿日

8.您得知本書的管道：□報紙／雜誌 □電視／電台 □親友介紹 □逛書店 □網路 □傳單／海報 □廣告 □其他

9.您在哪裡買到本書：□書店，店名＿＿＿＿＿＿ □劃撥 □現場活動 □贈書

□網路購書，網站名稱：＿＿＿＿＿＿＿ □其他＿＿＿＿＿＿

10.對本書的建議：（請填代號 1.滿意 2.尚可 3.再改進，請提供意見）

內容：＿＿＿＿＿＿＿＿＿＿＿＿

封面：＿＿＿＿＿＿＿＿＿＿＿＿

編排：＿＿＿＿＿＿＿＿＿＿＿＿

其他：＿＿＿＿＿＿＿＿＿＿＿＿

綜合意見：＿＿＿＿＿＿＿＿＿＿＿＿＿＿＿＿＿＿＿＿

11.希望我們未來出版哪一類的書籍：＿＿＿＿＿＿＿＿＿＿＿＿＿＿

讓文字與書寫的聲音大鳴大放

寶瓶文化事業股份有限公司

（請沿此虛線剪下）

廣　告　回　函
北區郵政管理局登記
證北台字15345號
免貼郵票

寶瓶文化事業股份有限公司　收

110台北市信義區基隆路一段180號8樓

8F,180 KEELUNG RD.,SEC.1,

TAIPEI.(110)TAIWAN R.O.C.

（請沿虛線對折後寄回，或傳真至02-27495072。謝謝）